GLI ALCI NON PARLANO INGLESE

Pubblicato da New Generation Publishing

Data di Pubblicazione 29/09/2013

Le eventuali immagini raffiguranti persone, fornite da Thinkstock, sono utilizzate a solo scopo illustrativo.

Questo libro è stato stampato in carta non sbiancata.

In considerazione della natura di Internet, gli indirizzi web o i link contenuti in questo libro potrebbero essere cambiati dalla data di pubblicazione e quindi potrebbero non essere corretti. Le opinioni espresse nel libro sono unicamente quelle dell'autore e non riflettono necessariamente quelle dell'editore, che declina quindi ogni responsabilità a riguardo.

ISBN: 978-1-909878-65-5

Traduzione Dall'Inglese: Emanuela Brock

New Generation Publishing

PREMESSA

Ho scritto questo libro per raccontare l'esperienza dei nostri quindici anni in Finlandia e dare un piccolo assaggio di questo Paese a chi non lo conosce.

Non è il punto di vista di un visitatore occasionale. Il libro nasce dall'amore e dall'affetto per la Finlandia che sono nati in me nel trascorrervi metà dell'anno ormai da molto tempo, passando estati magnifiche e inverni molto rigidi e vivendo in una piccola comunità dove il senso del passato è ancora dominante.

Il libro ha lo scopo di far conoscere meglio la Finlandia e farla apprezzare dal resto del mondo ma, soprattutto, permettere ai finlandesi di capire meglio se stessi e il loro Paese, aiutandoli a superare il loro senso di timidezza nei confronti degli stranieri che ancora li caratterizza, nonostante i progressi della tecnica di una società moderna ed il rispetto di cui godono come nazione nella scena globale.

Non è una guida turistica. E' semplicemente un'analisi della personalità e delle abitudini dei finlandesi, ed un tentativo di riuscire a cogliere con le parole la naturale bellezza di una terra ai limiti del mondo.

Ringraziamenti

Benchè il libro sia stato scritto solo da me, racconta le esperienze mie e di mia moglie nei molti anni trascorsi insieme in questo magnifico Paese.

Alla sua scrittura hanno contribuito molti cari amici.Alcuni l'hanno fatto senza saperlo,soltanto per il fatto di essere nostri amici; altri l'hanno fatto intenzionalmente, ampliando la nostra conoscenza del loro Paese, aiutandomi a descrivere aspetti reali e corretti.

L'elenco dei loro nomi sarebbe troppo lungo e probabilmente noioso per il lettore, ma sono certo che tutti i miei amici sanno che li ricordo.

Un pensiero speciale e tutta la mia gratitudine va a mia moglie, che ha accettato di trascorrere molte serate in solitudine, spesso addormentandosi davanti al televisore, mentre io, seduto davanti al computer nella mia stanzetta, ero intento a scrivere. E' stata paziente e di grande aiuto suggerendomi idee e aiutandomi a ricordare molti episodi che avevo dimenticato.

Questo libro è dedicato a lei, Celia.

Prefazione

La Finlandia è un Paese sconosciuto.

Molti pensano che si trovi in un luogo imprecisato lassù al nord, vicino alla Russia. Molti la confondono con l'Islanda. Molti conoscono le zanzare finlandesi e le renne. E, naturalmente, quasi tutti i bambini sotto i dieci anni sanno che è la patria di Babbo Natale e dei Moomins, i divertenti pupazzi che hanno catturato la fantasia dei bambini di tutto il mondo. I Moomins sono stati creati da Tove Jansson, una riservata signora che viveva in un'isoletta remota situata all'interno del golfo di Finlandia. Non a caso, la parola "Finlandia" significa per l'appunto "La fine della Terra".

Il libro intende presentare la Finlandia ai non iniziati, scavando nella cultura di questa terra dalla bellezza naturale, nelle abitudini e peculiarità dei suoi pochi ma fantastici abitanti, i quali vivono due vite diverse, una in estate e l'altra in inverno.

Dopo circa quattordici anni di lunghi e meravigliosi soggiorni sulle rive di uno dei maggiori laghi nel cuore della Finlandia, Celia ed io ci consideriamo parte integrante dell'*habitat* finlandese e della società rurale che costituiscono la spina dorsale sia della lunga vita di questo Paese che della sua breve storia come nazione.

Il nostro amore per la Finlandia mi ha spinto a scrivere questo libro per fare un quadro obiettivo di un Paese fatto quasi più di acqua che di terra, in cui il potere millenario e la magia delle foreste sono ancora i fattori fondamentali per la formazione del carattere delle persone; un paese dove la rovina, verso la quale il nostro povero vecchio mondo sta correndo, sembra ancora remota e impossibile.

Recentemente mi sono imbattuto in una vecchia carta geografica del nord Europa, risalente al 1486. Si potevano più o meno identificare i contorni della Gran Bretagna, della Danimarca, della Norvegia e della Svezia, oltre a quelli dei Paesi che sarebbero in seguito diventati gli Stati baltici. La Finlandia non c'era. Solo sei anni più tardi Cristoforo Colombo avrebbe completato il suo lungo ed epico viaggio dal porto spagnolo di Palos per scoprire il Nuovo Continente, e tuttavia alla fine del 15° secolo i geografi non avevano ancora scoperto la Finlandia.

Gli esploratori forse ritenevano che al di là del gelo invernale del Mar del Nord e della terra di Svezia, chiaramente visibile dalle coste della Danimarca settentrionale e dalle mura del castello di Amleto a Elsinore, il mondo finisse, inghiottito dalla brume e dalle ombre delle foreste coperte di ghiaccio perenne.

Ancor oggi il Paese mantiene quell'aspetto misterioso che lo rende scarsamente conosciuto e di difficile comprensione per il resto del mondo. Spero che questo libro riesca a mostrare alcuni dei lati più affascinanti del Paese e contribuisca ad instillare nei finlandesi la giusta fiducia in se stessi. Spero inoltre che li aiuti a rendersi conto di quanto siano fortunati a vivere in uno degli ormai rari luoghi del mondo in cui, nonostante un'avanzata cultura tecnologica, la società sia finora riuscita a conservare un volto pulito ed una bella dose di buon senso.

Magari con questo libro riuscirò a convincere i finlandesi che la loro evidente timidezza nei confronti del mondo e la loro ansia di essere accettati come una società completa e progressiva, sono senza fondamento. L'onestà di fondo della nazione – la prima ad aver risarcito l'intero debito agli americani dopo la seconda guerra mondiale – e i suoi traguardi scientifici e tecnici degli ultimi quarant'anni, la rendono uno degli stati più moderni e rispettati nel mondo.

Fintanto che riusciranno a mantenere le loro foreste ancora a lungo negli anni a venire!

Indice

Introduzione

Tuomo e Paula, due ottimi amici, vennero a prenderci a casa alle undici di sera. Era il 28 dicembre e, come tutti quanti, eravamo ancora alla ricerca di qualcosa che potesse   prolungare la sensazione festosa del Natale, quella sensazione che sembra sempre svanire appena passato il giorno festivo, dopo che tutti i preparativi si sono conclusi - con un successo o con un disastro - lasciando un triste senso di vuoto.

La neve cadeva ancora   copiosa, a fiocchi grandi e soffici. Era nevicato per tutta la giornata e la vecchia Volvo rossa procedeva silenziosa lungo la strada a fianco del cimitero, dove la luce fioca di centinaia di candele tremolava ancora sulle tombe, a ricordarci l'antica tradizione natalizia di andare a far visita ai propri cari   scomparsi.

Le gomme chiodate facevano presa sul manto compatto con un rumore   ovattato dalla neve. La temperatura era precipitata a meno venti e la vecchia teoria - tanto comune nei Paesi mediterranei - che non può nevicare quando si è sotto lo zero si stava dimostrando totalmente falsa. In auto c'era una gradevole sensazione di tepore e l'atmosfera fra noi era di grande allegria.

Ci eravamo vestiti in modo adatto all'occasione, con tute da sci, cappelli di lana e guanti, e per qualche inspiegabile ragione mi ero perfino messo in tasca un affilato coltello da caccia. Era sicuramente una cosa superflua, ma mi sembrava che quel coltello mi desse quell'infantile sensazione di sicurezza di cui avevo bisogno addentrandomi nella foresta finlandese, soprattutto a quell'ora di notte in pieno inverno.

Ne avevo perfino comprato uno più grande a Helsinki, la prima volta che eravamo venuti in Finlandia a trascorrere il weekend di capodanno, alcuni anni prima. Il negozio era pieno di oggetti finlandesi, alcuni autentici prodotti locali, altri sicuramente fabbricati in estremo oriente, ma i coltelli spiccavano fra tutti. Erano davvero "made in Finland" e le loro lame affilate facevano una certa impressione.

A quell'epoca era ancora possibile mettere un coltello in valigia e passare i controlli ai confini senza essere arrestati e finire in carcere, e così mi portai il coltello in Inghilterra come *souvenir* della Finlandia. E' ancora lì nell'armadio nella sua custodia in cuoio, nuovo fiammante e mai usato. E' comunque un bel ricordo. Se un ladro decidesse di farci visita in piena notte, non credo che avrei il tempo di usarlo, nè mi sentirei di farlo. Ma in ogni caso è lì, con il suo aspetto minaccioso e rassicurante al tempo stesso.

Celia aveva preparato una borsa che conteneva salsicce, senape e pane, ed avevamo con noi le nostre torce. Non potevo fare a meno di pensare che eravamo un po' matti a considerare normale fare un picnic in una foresta finlandese a mezzanotte, nel mese di dicembre. Ma come si dice :" Quando sei in Finlandia..." (o si trattava invece di Roma?)

L'uomo guidò per circa venti minuti lungo la deserta strada di campagna che costeggiava il South Lake. Fiochi bagliori rilucevano di tanto in tanto nell'oscurità degli alberi, piccoli segnali di vita in uno scenario altrimenti solo bianco e nero, tagliato in orizzontale dal fascio di luce dei fari dell'auto, sopra la striscia grigio-blu della strada. La neve ci veniva addosso veloce in ondate di fiocchi fittissimi, che quasi volteggiavano intorno alla macchina, come spinti da un'invisibile galleria del vento.

I nostri amici quella sera ci avevano invitati a uscire per mostrarci un pezzo di Finlandia che ancora non conoscevamo, benché avessimo già trascorso cinque inverni in questo Paese. Tante cose erano per noi ancora una sorpresa. Quando Paula ci informò che sarebbero venuti a prenderci alle undici di sera non sapevamo proprio che cosa aspettarci. Trovavamo però divertente l'idea di doverci vestire di tutto punto alla stessa ora in cui di solito invece ci prepariamo per andare a letto. Ci disse anche che avrebbe portato del caffè.

Non volevamo rischiare di essere in ritardo; avevamo imparato che in Finlandia il ritardo non esiste, quindi eravamo pronti già molto prima delle undici, e quando l'auto si fermò nel vialetto di casa nostra stavamo cominciando a scioglierci dal caldo nei nostri indumenti imbottiti. Non ci eravamo mai imbattuti, in nessuno dei numerosi Paesi in cui eravamo stati in vacanza o in cui avevamo vissuto, in una razza più precisa e puntuale dei finlandesi; quanto a puntualità, i finlandesi non transigono; annotano mentalmente l'ora e i minuti dell'appuntamento e rispettano l'orario con religiosa precisione. Non Posso immaginare quale confusione si scatenerebbe nella mente di un finlandese se si usasse il sistema inglese a riguardo: "19.30 per le 20.00". Che cosa significherà? L'invito è per le sette e mezza o per le otto? E se arrivassi alle sette e quarantacinque? Che cosa succederà fra le sette e mezza e le otto?

Quando abitavamo in Italia e invitavamo degli amici a cena o per l'aperitivo, era assolutamente normale cominciare a far scorrere l'acqua nella vasca da bagno all'ora stabilita per l'arrivo dei nostri ospiti. Sapevamo fin troppo bene che sarebbero stati in ritardo come minimo di un'ora. In Italia questa è la prassi. In Finlandia invece arrivare in ritardo è quasi un reato perseguibile dalla legge e la puntualità finlandese, lo ammetto, ci va molto bene. Nei Paesi mediterranei, al contrario, la puntualità è vista come un'incomprensibile imposizione.

Nevicava ancora quando Tuomo parcheggiò l'auto in un piccolo spiazzo ai lati della strada. In un attimo dal bagagliaio uscirono gli zaini e le nostre borse con il loro contenuto di salsicce, pane e caffè, insieme a vari piccoli accessori che possono sempre tornare utili per un picnic. Seguimmo Tuomo lungo la strada. Il peso della neve incurvava i rami degli alberi, e la debole luce delle nostre torce giocava con i fiocchi di neve, proiettando strane ombre su entrambi i lati della strada, dove ogni albero per un momento si tramutava in una creatura fatata, uscita dal racconto di una saga nordica.

Tuomo avanzava con passo veloce, dandoci l'impressione di sapere dove fosse diretto. Poi girò bruscamente in direzione del cumulo di neve ammassata dallo spazzaneve ai margini della strada e si addentrò nella foresta. Sembrava avesse una missione da compiere. Non avevamo visto nessun cartello che indicasse una qualunque direzione. Tutto era avvolto dall'oscurità e dal silenzio; tutto aveva un'aria indistinta e uniforme: quell'uniformità che solo la neve sa dare al paesaggio. Tuomo però sapeva quale direzione prendere.

Procedere nella neve alta era impresa non da poco. La breve camminata lungo la strada era stata la parte più semplice. Ora si avanzava sprofondati nella neve fino al ginocchio, su un terreno irregolare; non volevamo perdere di vista la nostra guida, temendo di smarrirci per sempre nel mondo silenzioso di una foresta sconosciuta, nel mezzo di un'inverno finlandese. Tentavamo di mettere i piedi nelle orme lasciate da Tuomo e Paula, ma anche questo non era facile. Ognuno di noi ha gambe di diversa lunghezza e piedi differenti e , sforzandoci di adattare i nostri passi a quelli di Tuomo, rischiammo parecchie volte di cadere.

Le tante impronte che gli animali avevano lasciato sulla neve erano un altro motivo di preoccupazione. Alcune erano molto grandi e non erano certo quelle delle lepri, le sole impronte che conoscevamo bene, dato che Bugs Bunny ci veniva spesso a trovare in giardino di notte. I nostri amici, invece, non sembravano per nulla allarmati. Io serravo stretto il mio coltello nella tasca, cosa che stupidamente mi dava una certa sicurezza.

Alla fine arrivammo a una piccola radura, uno spiazzo tra gli alberi. La luce delle nostre torce illuminò una capanna di legno quasi invisibile nella foresta. Una costruzione semplice ma solida , in tronchi, con una larga apertura sul davanti e un pavimento in assi, elevato rispetto al terreno. Davanti all'ingresso c'erano alcune pietre disposte a cerchio con al centro la struttura metallica di un *barbecue* e tronchi d'albero a terra che sembravano panchine senza gambe. Il tutto aveva un aspetto surreale.

Svuotati gli zaini, Celia e Paula si sedettero sul pavimento in legno della capanna, i piedi che ciondolavano sopra la neve, come due bambine sedute su una sedia troppo alta. Nel frattempo Tuomo era sparito nel buio e si era avvicinato a un'altra capanna più piccola dove notammo, con grande stupore, legna accatastata ordinatamente. La luce della torcia rivelò anche la presenza di un'ascia, lasciata lì per poter tagliare altra legna in caso di bisogno, senza nessun cartello che segnalasse il potenziale pericolo delle asce; nessun arto amputato e abbandonato a comprova di tale pericolo.

Certo, per sapere a che cosa serve un'ascia in teoria non dovrebbero essere necessarie istruzioni scritte. Nelle nostre menti distorte apparvero immagini di incidenti, di possibili casi in tribunale con richieste di risarcimento, ma ci trovavamo in Finlandia, dove evidentemente il cervello umano conserva ancora una certa dose di intelligenza e di buon senso. L'ascia era lì perché chi ne aveva bisogno potesse servirsene liberamente. Dopotutto era solo un'ascia. Niente di più e niente di meno.

Dalla capanna si intravedeva un'altra minuscola baracca. Si trattava del gabinetto. Per quanto rudimentale, era comunque un gabinetto: già, un gabinetto proprio in mezzo alla foresta.

La nostra impressione fu che Paula e Tuomo avessero quasi prenotato la capanna per il nostro picnic. Appoggiati ad una parete erano degli spiedi di legno, fatti da rami sottili spuntati con un coltello da caccia, leggermente anneriti dal fuoco e dalle salsicce preparate sul *barbecue* dai molti visitatori precedenti. In una nicchia nel muro di tronchi c'era perfino il libro per le firme degli ospiti, venuti dall'Estonia, dalla Lapponia, dal Canada e da altri Paesi.

I nostri amici ci spiegarono che capanne così sono molto comuni nelle foreste finlandesi. Sono finanziate dalla municipalità per offrire un rifugio ai viaggiatori, un luogo di sosta agli sciatori, una meta alle famiglie in una scampagnata e anche per consentire a qualche visitatore un po' matto di fare un picnic a mezzanotte. I pavimenti di queste capanne sono sempre sopraelevati, sia per isolarle rispetto al terreno che per ragioni di sicurezza. La loro posizione è segnalata in modo chiaro sulle mappe, e questo dimostra l'importanza e l'influenza delle foreste nella vita dei finlandesi.

Dopo aver disposto la legna fra le pietre, Tuomo accese il fuoco. Le fiamme diffusero una debole luce tutt'intorno. Le salsicce erano ottime e il caffè caldo e piacevole. Trascorremmo un paio d'ore seduti accanto al fuoco, conversando e scherzando a venti gradi sottozero. L'idea che quello che stavamo facendo fosse una follia ci attraversò la mente parecchie volte ma, se di follia si trattava, era una meravigliosa forma di follia. Era il meglio che la natura potesse offrire. Non avevamo freddo e non avevamo paura. In quel momento avevamo solo la sensazione di appartenere a un mondo molto privilegiato.

Rientrati a casa, benché piuttosto stanchi, rimanemmo alzati ancora per un po' a parlare della serata, sorseggiando un bicchiere di whisky che ci eravamo davvero meritati. Paula e Tuomo erano dei buoni amici, ed in quel loro modo semplice ci avevano fatto conoscere un aspetto della Finlandia

Vivere da Nordici

Helsinki

Anni fa decidemmo di dedicare qualche weekend alle capitali europee che non avevamo ancora avuto modo di visitare. Spesso si tende a volare in luoghi esotici che stanno dall'altra parte del mondo e si finisce per trascurare quello che sta davanti alla porta di casa. L'Europa non è grande ed è possibile saltare su un aereo e visitare una delle sue capitali in un weekend. Eravamo già stati in varie città e la nostra ultima meta, qualche settimana prima, era stata Copenaghen.

Prenotammo così un albergo a Helsinki. Sapevamo davvero poco della Finlandia. L'unico contatto che avevamo con questo Paese era, da parte di Celia, l'aver conosciuto una ragazza alla pari finlandese che aveva lavorato presso degli amici molti anni prima. Per quello che riguarda me, invece, uno zio aveva arbitrato le gare di scherma alle Olimpiadi di Helsinki nel 1952.

La Finlandia mi era sempre sembrata una nazione ai confini del mondo, un Paese freddo e remoto addossato ai confini con la Russia e famoso soltanto per le sue renne, per Santa Claus e per i costumi variopinti dei suoi abitanti dell'estremo nord. Eravamo quindi curiosi di conoscerlo meglio.

Il succinto manuale turistico, che acquistammo prima di partire da Londra, ci informava che la valuta locale era il *markka*, che il caffè era la bevanda nazionale, e che la sauna era l'occupazione più diffusa fra i finlandesi. Come informazione non era davvero molto.

Arrivammo all'aeroporto di Vantaa il 30 dicembre a metà pomeriggio. La luce stava calando rapidamente e durante il tragitto verso la città, gentilmente offertoci dall'albergo con il suo pullmino, cercammo di assorbire ogni piccolo dettaglio: le luci che, come piccoli puntini dorati, di tanto in tanto filtravano dalle ombre scure delle case immerse nelle foreste e le parole illeggibili dei cartelli stradali. Questo Paese aveva l'aria di essere molto diverso dagli altri. Il terreno era coperto di neve e il paesaggio aveva l'aspetto ovattato di una cartolina del Polo Nord.

L'hotel Vakuuna – il nome è cambiato da allora – era imponente e male illuminato. La lobby aveva un aspetto cupo e cavernoso, e le poche poltrone di cuoio sparse nella stanza non davano decisamente un benvenuto caloroso all'ospite appena arrivato. C'erano alcune persone sedute in silenzio, come nella sala d'aspetto di una stazione ferroviaria. Mi ricordo di aver chiesto alla *reception* di aiutarci con il bagaglio, e fu la stessa signora che stava dietro al banco, guardandoci con un'espressione di sorpresa, a procurare un carrello e portare le nostre valigie all'interno dell'albergo. Ero davvero imbarazzato.

Quando avevo prenotato telefonicamente dall'Inghilterra, mi avevano chiesto se preferivo una stanza con un letto ad acqua o con una sauna. La domanda mi aveva lasciato un po' perplesso, ma optai per la seconda soluzione. Non sapevo se il letto ad acqua servisse per qualche esperimento erotico o per far provare agli ospiti la sensazione del mal di mare; non avevamo mai dormito in un letto ad acqua.

Non eravamo neppure mai stati in una sauna, in effetti, ma la sauna aveva l'aria di essere un'avventura più interessante. La signora che mi parlò al telefono era estremamente gentile ed il suo inglese impeccabile.

Era la fine del 1993 e ci apprestavamo a passare il capodanno a Helsinki.

Una passeggiata lungo l'Esplanade ed una cena in un ristorante che trovammo ad un angolo di una stradina laterale, bastarono a farci capire che Helsinki ci piaceva. Il ristorante si chiamava *Richard's*. Di recente abbiamo scoperto che ora si è trasformato in un ristorante francese molto conosciuto e alla moda. A quel tempo era una sala lunga e stretta, e si vedevano gli *chef* in azione dietro il lungo bancone del bar. I camerieri ci misero subito a nostro agio, facendo tutti gli sforzi possibili per parlarci in inglese e per procurarci un menu scritto in inglese. La cena, nella sua semplicità, fu ottima. Avevamo seguito il suggerimento della giovane cameriera e ordinato del pesce impanato e fritto, accompagnato da patate all'aglio.

Ritornammo da *Richard's* qualche anno dopo, quando trascorremmo una giornata a Helsinki partendo dalla nostra casa di campagna nella Finlandia centrale, e con nostra soddisfazione notammo che il cibo era ancora eccellente. Ora si deve prenotare con molto anticipo per assicurarsi un tavolo e mi dicono che il cibo sia di altissima qualità. Non abbiamo ancora provato il ristorante in questa sua nuova veste.

Ricordo la nostra passeggiata lungo l'Esplanade alla luce del giorno, il mattino successivo, il nostro sguardo ammirato davanti agli eleganti negozi situati sul lato nord del largo viale alberato, le belle case, i caffè, la grande libreria Stockmann e il mercato sul porto con la sua abbondanza di pesce, di verdure e guanti di lana. Era tutto pulito e ordinate e le persone molto gentili.

Era il 31 dicembre nel pomeriggio andammo a Senate Square dove, schiacciati come sardine in mezzo a una folla di giovani scalmanati, restammo allibiti vedendoli accendere dei razzi tra la gente, apparentement in totale disprezzo delle più banali norme di sicurezza. Immaginammo scenari di occhi bruciati, capigliature in fiamme, dita amputate, e vestiti ridotti in cenere. Fra la folla si aggiravano dei poliziotti che non sembravano per nulla preoccupati da quello che stava accadendo. Ce ne restammo lì, in compagnia di migliaia di altre persone giunte da tutti gli angoli del mondo, a goderci la follia di questo Paese nordico che, a dispetto della sua fama di grande freddezza emotiva, dava allegramente l'addio al vecchio anno.

Percorremmo a piedi la breve distanza che separava Senate Square da *Amadeus*, un bel ristorante gestito da un gruppo di sole donne, dove gustammo una deliziosa cena di capodanno a base di piatti di pesce, carne di alce e funghi.

Amadeus ha chiuso i battenti ormai da lungo tempo ed al suo posto è stato aperto un ristorante messicano. Non ci siamo più tornati. Helsinki ha perso un tempio di eccellente cucina.

Ci sentivamo a nostro agio, quasi come se fossimo a casa, come se nella nostra vita precedente ci fosse stato un legame invisibile con questa terra e con questa gente.

Helsinki è una città relativamente piccola. Il centro è minuscolo e lo si può facilmente girare a piedi. La distanza fra il mercato sul porto, con la sua imponente chiesa ortodossa sullo sfondo, e lo stadio olimpico si copre con una passeggiata di non più di quaranta minuti. E questo è il bello della città. Conserva ancora una dimensione umana, proprio come uno dei numerosi "villaggi" che formano Londra. A Piccadilly si è completamente anonimi, ma nella High Street di Notting Hill o al mercato di Camden o quando si cammina lungo il Tamigi a

Chiswick, ci si sente ancora una persona con la propria identità. A Helsinki ci si sente sempre un essere umano.

Non scorderò mai l'espressione sul volto del portiere dell'albergo, quando il giorno seguente, gli chiedemmo di consigliarci sul modo migliore di vedere i famosi laghi. "Ma sono ghiacciati e coperti di neve", ci rispose con un sorriso. "Non riuscirete a vederli." Ci consigliò comunque di prendere il treno per Tampere, la seconda città in ordine di grandezza. (Gli abitanti di Turku, la vecchia capitale, non sarebbero d'accordo, sostenendo che tale primato spetta alla loro città. Avendo viste entrambe le città, devo dar ragione alla prima teoria, seppur cosciente di rendermi molto impopolare a Turku). Il viaggio sarebbe durato circa un'ora e mezza e dal treno avremmo potuto vedere una parte del Paese, nonostante il paesaggio fosse avvolto dalla neve.

La stazione era proprio di fronte all'albergo, così prendere una decisione fu facile. Le enormi statue dei quattro uomini seminudi che adornano l'edificio sono il punto di riferimento della stazione stessa. Progettata dal famoso architetto Saarinen, contrasta in modo stridente con l' orribile palazzo simile ad una scatola sul lato opposto della piazza, di notte illuminato da una serie di insegne pubblicitarie e scritte con nomi di imprese commerciali. La stazione appartiene a quella categoria di edifici architettonicamente imponenti che si possono trovare in tante città del mondo. Spesso sono costruzioni brutte e prive d'interesse o addossate in modo irrazionale a edifici residenziali. E' raro che ci si soffermi ad osservarle, sia passandoci davanti per caso, sia quando si parte o si arriva.

La stazione ferroviaria di Helsinki non può prprio considerarsi bella, ma è certamente imponente e rimane impressa nella mente, come St. Pancras a Londra o la stazione centrale a Milano. L'interno è uguale a qualsiasi altra grande stazione del mondo occidentale. La galleria principale, con il suo costante brulicare di gente di ogni genere (che trasporta ogni tipo di bagaglio immaginabile, gente in arrivo o in partenza, che si saluta ritrovandosi, o lasciandosi), è lo stesso identico grande locale anonimo e pieno di spifferi che si può trovare a New York, a Londra, a Parigi o perfino a Glasgow o a Colonia. In una stazione ferroviaria sembra che tutti abbiano sempre una gran fretta. All'aeroporto le persone che vanno di fretta sono un'eccezione, sempre viste male, perché sono sempre loro chef anno partire l'aereo in ritardo, facendogli perdere lo *slot* di partenza. Nelle stazioni invece

17

nessuno va con calma, e l'aspetto d'insieme è molto caotico. La stazione di Helsinki non costituiva dunque un'eccezione.

Decidemmo quindi di andare a Tampere. Il treno partì in perfetto orario (naturale, ci trovavamo in Finlandia). Era pulito e riscaldato e arrivò puntuale. Con il naso incollato al finestrino vedemmo un'enorme quantità di neve e credemmo di scorgere anche dei laghi, anch'essi coperti dalla neve. Era difficile distinguerli dai campi e solo quando apparivano delle figure solitarie, curve su un foro nel ghiaccio per pescare, potevamo capire che si trattava certamente di un lago.

Trascorremmo una piacevole giornata a Tampere e, una volta tornati alla stazione per prendere il treno che ci avrebbe riportati a Helsinki, un altoparlante annunciò che purtroppo il treno viaggiava con circa venti minuti di ritardo. I passeggeri in attesa sembravano sbalorditi dalla notizia. Dopotutto, il treno proveniva solo dalla Lapponia – ben oltre mille chilometri più a nord! In pieno inverno! Quando finalmente apparve e si fermò, notammo che la motrice era coperta di ghiaccio e fu necessario scaldare le porte perché potessero aprirsi. Erano completamente ghiacciate. Un ritardo di venti minuti a noi sembrava assolutamente ragionevole.

Finalmente tornati nella nostra stanza, avemmo tutto il tempo per rilassarci per poi cenare in un altro ristorante chiamato *Konig,* che distava solo qualche centinaia di metri dall'albergo. Era stata una bella giornata, al termine della quale avevamo preso una decisione: volevamo una casa nella campagna finlandese. Il consiglio del portiere dell'albergo si era rivelato eccellente.

Siamo tornati spesso a Helsinki dopo quel primo weekend, alloggiando un paio di volte allo stesso albergo, il *Vakuuna.* Ora ha trasformato il suo nome in *Sokos* Hotel e fa parte della catena *Sokos* che comprende una serie di supermercati, di alberghi e di grandi magazzini. Il nostro ultimo soggiorno al *Vakuuna* risale all'agosto di alcuni anni fa, in un periodo caldo e umido per via del vento di sud-ovest che, cosa molto insolita, portava un'aria pesante e soffocante. Avevamo deciso di prendere il pullman dal nostro villaggio per non avere la preoccupazione del parcheggio e di dover guidare nel labirinto di sensi unici a noi non familiari. Il pullman era climatizzato in modo impeccabile ed il prezzo del biglietto molto economico; quando arrivammo all'albergo già pregustavamo una bibita rilassante nella nostra stanza spaziosa all'ultimo piano, con accesso al terrazzo.

Ma, contrariamente alle nostre aspettative, la temperatura della stanza ed il sole, che batteva sulle grandi finestre occupanti un'intera parete, rendevano il posto intollerabile. Non c'era aria condizionata, ci dissero quando chiamai disperato la *reception*; l'edificio era troppo vecchio per installare un sistema refrigerante; dovevamo prepararci a sopportare la calura. Ma, dato che la Finlandia è la Finlandia e i finlandesi sono i finlandesi, arrivò immediatamente una giovane con due grandi ventilatori elettrici da tavolo, porgendoci infinite scuse per il disagio arrecatoci. Non avemmo più cuore di lamentarci per la temperatura eccessiva. Uscimmo sul terrazzo che dava sulla piazza della stazione, i bicchieri in mano, e ci sedemmo a sorseggiare le nostre bibite nell'unico spazio all'ombra che trovammo. La calda brezza di agosto sembrava rinfrescarsi un po' su quel terrazzo all'ultimo piano e il rumore del traffico sottostante giungeva attutito dalla distanza. Eravamo contenti di essere di nuovo a Helsinki.

Molti anni e molte visite dopo, la città non ha mai smesso di piacerci. Ci piace la sua permanente atmosfera di vacanza e la sua atmosfera rilassata. Spesso guardiamo la gente che va al lavoro al mattino, godendosi una passeggiata nei giardini dell'*Esplanade*, la valigetta ventiquattr'ore in mano, qualcuno in completo da ufficio giacca-pantaloni. (Mi sono sempre chiesto chi abbia inventato questo capo d'abbigliamento. Un completo da ufficio è forse una specie di divisa di colore scuro che ha il potere di far sentire importante chi la indossa o è uno *status symbol* che dovrebbe distinguere una certa categoria di lavoratori dagli idraulici, dagli imbianchini, dai falegnami e dai muratori, persone che magari sono titolari di un'impresa ma non hanno una scrivania o un sedile imbottito di prima classe sul treno dei pendolari?) Tutti camminano dritti e impettiti in Finlandia, come se stessero prendendo parte a una marcia militare studiata nei minimi dettagli, con un meraviglioso portamento che rende le ragazze terribilmente attraenti e conferisce agli uomini un aspetto incredibilmente austero.

Helsinki è una città giovane, informale ed elegante al tempo stesso. Alcuni dei negozi sull'*Esplanade*, o nelle sue vicinanze, oggi non hanno nulla da invidiare a quelli di Milano, di Londra, di Parigi o di New York, e alla sera le strade si animano di una vivace vita notturna con i suoi innumerevoli ristoranti, bar, club e caffè. In estate i tavoli si trasferiscono all'aperto e dipingono i marciapiedi e i vicoli di miriadi di colori e di suoni. Tutto questo alla luce del sole del nord che , per un paio di mesi , da giugno ad agosto, non sparisce mai. In inverno, invece, il calore umano appanna le vetrate per via delle temperature esterne che vanno sotto lo zero. Le sagome all'interno assumono così un aspetto nebuloso e spettrale, come fossero avvolte dall'oscurità dei mesi invernali, quando le poche ore di debole luce cedono il passo al buio delle lunghe notti. Ma anche così la città conserva un volto molto umano.

Il famoso mercato sul porto, con il suo caratteristico acciottolato, si trova in fondo alla bella *Esplanade*. Le sue bancarelle, dove è ancora possibile gustare pesce affumicato e godersi la vista di un numero indescrivibile di cappelli colorati lavorati all'uncinetto e appesi a ganci di legno, ora sono diventate un po' turistiche. Oggetti prodotti in Cina e in Corea vengono spacciati per genuini manufatti finlandesi e orde di turisti giapponesi e cinesi cascano nella trappola, convinti di portarsi a casa dei veri esempi di artigianato finlandese. Noi, che non ci sentiamo turisti – anzi, non lo siamo proprio – non possiamo fare a meno di sorridere davanti ai cambiamenti subiti dalla città in questi ultimi anni.

L'atmosfera dell'*Esplanade* in una calda giornata d'estate è davvero unica. Alle 7.30 del mattino c'è già un gran brulicare di persone che camminano nella polverosa area pedonale del centro o stanno sedute sulle panchine in legno, a godersi la tiepida luce del sole che spunta dal porto. Un gruppo di ragazze, con le code di cavallo bionde, in canottiera e pantaloni *casual*, raccoglie con un rastrello, muovendosi quasi al rallentatore, i resti dei bagordi di eserciti di giovani che il giorno prima si sono goduti la loro chiacchierata e il loro drink (o forse anche due) sdraiati sui prati.

E' divertente pensare che, mentre in altre parti della città l'amministrazione comunale dà questo incarico a pensionati con enormi stomaci sformati dalle troppe birre, la pulizia dell'*Esplanade* sia invece appannaggio di graziosissime ragazze che si mimetizzano con le centinaia di passanti, muovendosi con ostentata sicurezza, con le loro gambe lunghissime, i corpi snelli e i capelli biondi che ondeggiano nell'aria. Non ho mai visto, in nessuna parte del mondo, una tale concentrazione di ragazze abbronzate e sicure di sé come lungo l'*Esplanade* in un pomeriggio estivo.

Il mercato coperto - *Home Indoor Market* - si trova tuttora in un bell'edificio vittoriano in mattoni rossi vicino al mare, nelle cui acque scure e oleose nuotano famiglie di cigni che sperano nel buon cuore dei visitatori per avere del cibo. I negozi in legno, elaborati e vecchio stile, vendono carne di renna affumicata, carne di alce, pesce affumicato e verdura. In molti si possono acquistare anche formaggi francesi e italiani e piccanti salse mediorientali che non hanno nulla a che vedere con la Finlandia. Purtroppo l'offerta dei prodotti si adegua alla domanda, e Helsinki è ora una città internazionale come qualsiasi altra capitale del mondo. La sua identità sta scomparendo rapidamente.

Per fortuna si possono ancora trovare delle aree di cultura tradizionale, soprattutto nel "distretto del *design* e dell'antiquariato" poco distante dall'*Esplanade*. I bei negozi di antiquariato ed i mercanti d'arte vendono ancora mobili antichi e oggetti originali finlandesi, svedesi e russi. Non c'è nulla che venga dall'estremo oriente... o almeno non ancora.

Alla ricerca di casa

Tornammo in Inghilterra con il ricordo delle ampie distese finlandesi innevate, dell'aria pulita che avevamo respirato appena usciti dall'aeroporto di *Vantaa* e della gentilezza delle persone che avevamo conosciuto.

L'aeroporto di Londra è a dir poco uno shock psicofisico. Al ritorno dalla tranquillità della Finlandia è una scena da film dell'orrore. Ci facevamo largo sulla parte sinistra del tapis roulant, di nuovo anonimi in mezzo ad una folla di mille razze diverse, anonima come noi, per raggiungere il controllo passaporti e l'area del ritiro bagagli. Cercavamo di arrivarci, stando al passo con gli altri, prima che il nastro trasportatore facesse scomparire le valigie nelle viscere inaccessibili dell'aeroporto.

Mi sono sempre chiesto come mai si abbia ancora il desiderio compulsivo di camminare su quelle scale mobili orizzontali che hanno lo scopo di aiutare i viaggiatori a fare meno strada a piedi. Tutti ci serviamo dei *tapis roulant* e proviamo un grande senso di soddisfazione nel muoverci più velocemente di chi cammina a passo d'uomo sulla terra ferma. Li sorpassiamo e li guardiamo con un atteggiamento di superiorità, quasi fossimo manichini incollati ad un nastro magico che nessuno sa da dove viene e dove va.

L'aria che respirammo appena usciti dall'aeroporto era calda e inquinata, come sempre. Una cappa di fumo e di odori sgradevoli pesava sulle nostre teste, ci schiacciava e ci toglieva il respiro. Il carrello dei bagagli sembrava non voler ubbidire ai nostri ordini; uno degli ascensori non funzionava; la persona davanti a noi si era bloccata, il bagaglio incastrato fra le pareti dello strettissimo passaggio che conduce al parcheggio delle auto. Ogni volta che ci passo lancio improperi all'architetto che l'ha progettato. La Finlandia appariva di nuovo un Paese distante e remoto e ne sentivamo la mancanza.

Pubblicare una piccola inserzione sull'*Helsinki Sanomat* si rivelò facile. La ragazza che rispose al telefono ci fu di grande aiuto, dandoci dei suggerimenti preziosi e informandoci che i collaboratori del giornale avrebbero tradotto il testo inglese in finlandese gratuitamente.

Cercavamo una casa in Finlandia, sulla sponda di un lago per un periodo di due o tre anni.

Ricevemmo un buon numero di risposte che il giornale di Helsinki raccolse e ci mandò in Inghilterra, ognuna corredata da una foto della casa, del giardino e del lago. Le case si trovavano in diverse parti della Finlandia, in luoghi a noi completamente sconosciuti; dovemmo far ricorso ad una carta geografica del Paese per farci un'idea di dove fossero. Ricordo una risposta da una casa a Kuopio (che pareva distante da ogni centro abitato), un'altra dalla costa sud, ed un'altra ancora per un'abitazione molto carina in un luogo impossibile da pronunciare e da ricordare.

Tutte molto graziose e dai colori vivaci, con muri in legno, belle finestre bianche e pavimenti in assi di legno verniciato, con tappeti disseminati qui e là. Una delle risposte, scritta in un inglese perfetto, descriveva dettagliatamente l'abitazione. Il proprietario aveva accluso alcune foto di una casa in tronchi di legno scuro, su un piano solo, circondata da un giardino. Si vedevano aiuole fiorite, numerose piante di *hosta* con le loro grandi foglie carnose, l'acqua di un lago al bordo del prato e una signora china su un'aiuola di rose selvatiche. La casa aveva un certo "non so che" che catturò la nostra immaginazione. Si trovava al centro della Finlandia, sul lato occidentale del lago Pajanne, che sulla cartina appariva lungo e stretto, proprio a metà del ventre a forma di pera del Paese.
Volevamo vederla dal vero; Celia ebbe subito la certezza che la nostra ricerca era terminata.

Era Maggio quando tornammo ad Helsinki, dopo avere preso accordi per andare a vedere la casa sul lago Paijanne. Trascorremmo un'altra settimana nella capital, soggiornando ancra una volta all'hotel *Vacuuna* davanti alla stazione. Non credo proprio che il personale dell'albergo si ricordasse di noi, ma ci piaceva pensare che fosse così quando, per la seconda volta, tutti si dimostrarono servizievoli e premurosi. Prendemmo una stanza con la sauna e fingemmo di conoscerne ormai tutti i segreti e le tradizioni. Dopotutto, l'avevamo già provata - una volta -. (Più avanti dedico un intero capitolo a questa importantissima occupazione finlandese).

Cercammo anche di trovare negli opuscoli turistici, a disposizione dei clienti dell'albergo, qualche informazione sul villaggio in cui saremmo andati la mattina seguente. Il suo nome sulla cartina era indicato in piccolo, soprattutto in confronto a posti come Turku, Tampere, Oulu, Kuopio ed altri nomi che non ci dicevano nulla. Era direttamente a nord di Helsinki, circa a metà della lunga sponda occidentale del lago Pajanne.

Sarà stato per la nostra inconfessata agitazione o per il rumore del traffico nella strada sottostante, reso ancora più fastidioso dallo sferragliare dei tram fino a notte fonda, ma quella notte non dormimmo molto. Al mattino, uscendo dall''albergo per andare a prelevare l'auto che avevamo noleggiato, accennammo al portiere che la nostra stanza era evidentemente sul lato sbagliato dell'edificio, perché la folla che la sera del venerdì aveva festeggiato il fine settimana, ci aveva tenuti svegli tutta la notte. I doppi o tripli vetri, così efficaci a proteggere dal freddo, non avevano lo stesso effetto contro il rumore.

Il signore alla *reception* fu molto comprensivo e ci assicurò che in nostra assenza tutte le nostre cose sarebbero state spostate in un'altra ala dell'albergo. Ed in effetti quella sera al nostro ritorno tutto era stato trasferito con precisione meticolosa nella parte più silenziosa dell'edificio. Quella notte facemmo un meraviglioso sonno ristoratore. Il *Vakuuna* era sempre cavernoso e mal illuminato, ma il personale ancora una volta era stato molto efficiente.

Viaggiammo per più di due ore con la Volvo presa a noleggio, tentando di ricordare le istruzioni dell'impiegato della Hertz su come raggiungere la E75 (come era chiamata a quell'epoca) in direzione nord. Seguimmo la *Mannerheimintie* – uno dei viali cittadini più lunghi del mondo – prima di girare a destra in prossimità del bel laghetto sovrastato dall'*Opera House*. Oltrepassammo l'elegante *Finlandia House* alla nostra destra e la vecchia struttura dello stadio olimpico del 1952 alla nostra sinistra. Poi il centro urbano cedette il passo a brutti edifici residenziali, eredità dell'architettura delle periferie urbane negli anni '50 e '60 , tipica di tutte le città dell'Europa continentale, ma soprattutto dei Paesi che direttamente o indirettamente hanno dovuto vivere sotto l'influenza sovietica. Strada dopo strada solo scatole grigie, spesso con l'aspetto trascurato, l'intonaco a tratti scrostato e giardini grandi come un francobollo, abbandonati all'invasione delle erbacce.

Proseguendo il nostro viaggio la campagna prese lentamente il sopravvento.

Era primavera e gli alberi erano verdi – quel tono di verde fresco e delicato che scompare così in fretta con l'avvicinarsi del mese di giugno. La natura celebrava la festa dei colori dopo l'uniformità cromatica dell'inverno. Era una primavera completamente diversa da quella inglese. Eravamo partiti da Heathrow il giorno prima in un mattino caldo e assolato, con le querce ricche di foglie e i campi coperti d'erba già alta, quasi pronti per il primo taglio del fieno. Gli asfodeli erano ormai sfioriti e l'erba dei giardini era tagliata regolarmente già da febbraio. Qui invece la primavera era nell'aria e sul calendario, ma sembrava che la natura non avesse ancora accettato l'idea di abbandonare l'inverno. I campi erano arati perfettamente, ma nella ricca terra scura era visibile soltanto un accenno delicato di germogli verdi.

Il paesaggio era morbido e ondulato, punteggiato da casette di legno rosse e bianche, sparse qua e là, che spuntavano fra gli alberi. Ogni casa era circondata da una piccola schiera di capanne di legno che sembravano messe lì senza un ordine preciso, come se fossero state costruite tempestivamente, quando fosse necessario dell'altro spazio coperto. Le case non avevano siepi, né recinzioni o confini, e il loro terreno sembrava confondersi con i campi e la foresta. I loro giardini sembravano essere l'intera Finlandia.

Il traffico era scarso, con grande distanza fra un'auto e l'altra, e si procedeva in modo rilassato. Era sabato mattina, e chi aveva deciso di passare il weekend in campagna aveva già lasciato la città la sera prima, appena finito il lavoro.

Celia e io facemmo l'inevitabile paragone con le poche miglia che avevamo percorso lungo la M4 per andare all'aeroporto di Heathrow. Eravamo partiti da casa di buon'ora, anche se il nostro aereo sarebbe decollato solo in tarda mattinata. Sapevamo bene che non si può mai prevedere il traffico su quell'autostrada, che ha la fama di essere la più frequentata al mondo. Molto spesso avevamo impiegato più di un'ora per coprire ad una lentezza esasperante quella breve distanza, con il risultato di arrivare al *terminal* in uno stato di ansia e in preda alle palpitazioni. Per evitare tutto questo eravamo partiti con grande anticipo.

Procedendo in direzione nord lungo la E75 – come ancora si chiamava anni fa – riconoscemmo alcuni nomi dei luoghi che avevamo notato la sera prima, quando in albergo avevamo programmato il viaggio sulla carta stradale: Jarvenpaa, Hollola, Lahti...

Qualcuno, non ricordo chi, ci aveva detto che Lahti poteva essere paragonata a Croydon in Inghilterra. Piena di gente e famosa per la sue fabbriche di mobili e per i suoi impianti sciistici, Lahti è la città più importante dopo Helsinki, Tampere e Turku, con il nome scritto in grassetto sulla cartina. Il fatto che venisse paragonata a Croydon ci scoraggiò dal visitarla per molti anni. Croydon ora è stata incorporata nella *Greater London*. E' sovrappopolata, rumorosissima, molto inquinata e nota soprattutto per la presenza di *Lunar House*, il centro di immigrazione, punto d'arrivo per migliaia di persone che giungono in Inghilterra da tutto il mondo, sperando in un futuro migliore.

Avvicinandoci a Lahti scorgemmo in lontananza sulla sinistra le tre alte rampe per le gare sciistiche di salto dal trampolino utilizzate in tante edizioni della Coppa del Mondo. Tre altezze diverse, come una famiglia di mostri d'asfalto dalle lunghe gambe, che sovrastavano la città. Dalle cime degli alberi spuntavano numerosi condomini bianchi di forma quadrata, e oltre la strada sorgevano piccole zone industriali, con i tipici edifici bassi ed il tetto orizzontale.

Uscimmo dall'autostrada che continuava verso Mikkeli e ci lasciammo "Croydon" alle spalle. La strada si restrinse ad una sola corsia; cominciarono ad apparire i laghi, profonde chiazze di acqua di un blu cristallino, circondati da foreste. La Finlandia centrale ha quasi più laghi che abitanti: questa volta finalmente riuscimmo a vederli. Non erano ghiacciati, né sommersi dalla neve. Gli alberi, al loro risveglio primaverile, non erano ancora coperti totalmente di foglie ed era quindi possibile scorgere i laghi attraverso le fronde. Sembrava che fossero dappertutto.

Più procedevamo verso nord, più il traffico diminuiva fino a scomparire del tutto. Potemmo così ammirare meglio la campagna silenziosa, punteggiata di tanto in tanto da casette in legno bianche e rosse che avevano l'aria lontana e tranquilla, con le loro variopinte cassette per le lettere, allineate come soldatini all'ingresso dei loro vialetti.

Vedemmo alcune mucche che pascolavano pacifiche sulla fresca erba primaverile, con le mammelle fissate al dorso con fascie per meglio sopportare il peso del latte.

Avevamo avuto indicazioni stradali molto precise che la figlia del proprietario ci aveva scritto in inglese; dopo quasi due ore lasciammo la strada principale in direzione del centro del villaggio.

La strada che imboccammo era dissestata e piena di buche. Erano in corso lavori di rifacimento del manto stradale; grandi lastre grezze erano state posate sul terreno come base per il cemento ma i lavori non sarebbero finiti prima che la sabbia e la ghiaia, con il gelo dell'inverno, avessero raggiunto la giusta consistenza. Per molti mesi sarebbe stato necessario guidare su una scomoda superficie rumorosa, che sembrava fatta apposta per rovinare gomme e sospensioni. D'altra parte la sola alternativa sarebbe stata quella di rifare lo stesso lavoro tutti gli anni, dato che il cemento si crepa facilmente, se   steso su un fondo non perfettamente solidificato, a causa delle bassissime temperature. I finlandesi sono pazienti.

Era maggio e l'inverno sembrava ormai   lontano. L'inverno finlandese può, in effetti, scomparire molto velocemente, ma ricomparire in modo altrettanto rapidamente a fine agosto. Quando arriva la *Ruska*, in settembre, con la sua festa di colori autunnali, l'inverno è già alle porte. La temperatura comincia a scendere e la luce cala più presto. Si comincia ad ammassare legna per i camini per cuocere cibi al forno e per preparare la sauna. E alla *Ruska* mancavano solo tre mesi.

Da allora ci siamo abituati a questo brusco passaggio di stagione e al cambiamento di vita. Quando arriva la primavera e si fonde con l'estate, la *Ruska* sembra così lontana che i suoi meravigliosi colori sono solo un vago ricordo nella nostra memoria.

Avevamo raggiunto il nostro villaggio, la nostra destinazione. La sera prima, in albergo, avevo cercato di apprendere qualcosa su questo posto, con le sue tremila anime d'inverno e un numero di abitanti tre volte maggiore in estate. Non ero riuscito a raccogliere molte informazioni, ma solo che esisteva una fiorente produzione artigianale di articoli per la casa – coltelli, zerbini, oggetti in legno, pane – ed un servizio di traghetto per raggiungere l'altra sponda del lago Pajanne. Questo, come molti altri servizi legati alla stagione turistica, veniva sospeso nel mese di agosto. Alla fine di luglio l'estate è ufficialmente finita. I ragazzi tornano a scuola. I musei, i ristoranti e le attrazioni estive chiudono tutti, ed i finlandesi cominciano a prepararsi di nuovo per la *Ruska* e per il lungo inverno, spesso con grande delusione dei turisti che arrivano da Paesi dove agosto è ancora un mese destinato alle vacanze estive.

Lasciammo la strada principale ed il suo manto dissestato. Le istruzioni erano chiare: dovevamo girare a destra all'altezza di un certo bar – che sembrava non godere di buona fama – e proseguire fino a un piccolo ponte di legno che collegava la terraferma a una grande isola. Il ponte, lungo non più di dieci metri, era lievemente arcuato sopra una specie di canale che divideva un'isola dal villaggio, la meta del nostro viaggio. Passammo un porticciolo sulla nostra sinistra, dove erano ancorate numerose barche lungo i pontili di legno. Oltre lo specchio d'acqua, vedemmo l'alto camino in mattoni di una cartiera in disuso e un porto dove erano ancorate altre barche, più grandi. L'acqua, di un blu intenso, era lievemente increspata dalla brezza di maggio e l'aria era pura.

La piccola strada correva lungo il lato di un cimitero curato in modo invidiabile, e oltrepassava delle case in legno che si affacciavano sulla riva del lago. Tentammo di individuare la casa di tronchi d'albero che avevamo visto nelle foto. Non ci riuscimmo, e finimmo per percorrere la strada un paio di volte in su e in giù, fino a che un uomo, che agitava freneticamente le braccia, ci gridò, "Velcom! Velcom!"

Juhani aveva un aspetto cordiale. Era robusto, il volto solcato da rughe che descrivevano anni di esposizione ai capricci del clima invernale e lunghe notti d'estate passate a pescare sul lago Pajanne. Dopo esserci scambiati in soliti convenevoli in inglese e in finlandese, senza capirci per niente, ci condusse alla casa che era proprio davanti al lago.

Era una casa in tronchi di legno scuro, di forma allungata e su un solo piano. Il giardino era, di fatto, un prato dove era stata tagliata l'erba ed erano state sistemate delle aiuole. Non esisteva un vialetto di accesso, ma solo un sentiero tracciato dal passaggio delle auto nel corso degli anni. Non c'erano siepi ma una grande quantità di alberi con l'erba che cresceva alta tutt'intorno, fino a invadere la base di cemento della casa.

Katariina, la biondissima e altissima figlia di Juhani, ci aspettava sulla soglia. Era lei ad aver scritto la lettera che ci era stata inviata dall'*Helsinki Sanomat* in quell'inglese eccellente. Fu lei a darci il benvenuto; ci sedemmo attorno al tavolo della cucina a parlare della casa e delle condizioni del nostro contratto d'affitto della durata di tre anni.

La cucina era molto spaziosa, con un tavolo rotondo, e quel piatto girevole che si trova in molti ristoranti cinesi e fa venir voglia di spingerlo sempre più velocemente, facendo volare in aria bicchieri e stoviglie. Sgridiamo sempre i bambini quando lo fanno, ma in realtà anche noi adulti non riusciamo a resistere a quella tentazione.

Era stato Juhani ad aver costruito la casa, con l'aiuto di suo figlio Jorma e di alcuni amici del villaggio, quindici anni prima. Era la casa di famiglia, dove Katariina era cresciuta, aveva giocato e studiato, e quindi era piena di ricordi. Juhani e sua moglie Iris avevano deciso di andare a vivere in Spagna. Ormai stanchi dei rigidi inverni finlandesi, di lì a poco si sarebbero trasferiti a Fuengirola, una cittadina spagnola amata dai finlandesi. La decisione di vivere in un appartamento al sole, li aveva spinti ad affittare la loro casa sul lago. Noi, invece, non eravamo mai stati in Spagna (e non ci siamo ancora mai andati). Il pensiero di orde di turisti inglesi, che si godono specialità gastronomiche spagnole quali *fish and chips* e pasticcio di rognone innaffiati da birra inglese , ha contribuito a farci avere un'idea preconcetta e senza dubbio sbagliata della Spagna. Abbiamo sicuramente torto ad avere questi pregiudizi ed a generalizzare, ma il risultato è che abbiamo sempre scelto il nord come meta dei nostri viaggi.

Juhani, che ci rivelò di avere sessant'anni, dichiarò di essere stanco della neve e del ghiaccio che gli entrava nelle ossa per sei o sette mesi all'anno. Lui e Iris avevano intenzione di trascorrere gli anni a loro rimasti da vivere senza preoccuparsi di ramponi da giaccio, slitte, pesanti indumenti invernali e di gelidi venti del nord che facevano lacrimare gli occhi. Juhani stava pensando di passare al figlio la sua attività, quell'attività di pesca fondata da suo padre quasi sessant'anni prima, quando lui e la sua famiglia si erano trasferiti nella Finlandia centrale dalla nativa Carelia dopo che questa terra, appartenuta in passato alla Finlandia, era stata ceduta all'Unione Sovietica alla fine della Guerra d'Inverno. Ora Juhani voleva andare in pensione.

E così ci sedemmo attorno al tavolo rotondo della cucina, guardando il lago attraverso l'enorme finestra sopra piano di lavoro. La casa, spaziosa e con bellissimi pavimenti di legno, consisteva in un unico ambiente, così che il soggiorno appariva immenso e rilassante. Da una parte di quell'ampio spazio, una serie di porte conduceva alle stanze da letto, ad uno sgabuzzino che conteneva la caldaia, alla doccia e all'immancabile sauna. A quell'epoca le stanze da bagno non erano frequenti nelle case finlandesi. Le pareti erano nudi tronchi di legno e le finestre avevano tripli vetri, cosa che non avevamo mai visto prima.

Juhani, con sua figlia che faceva da interprete, ci ragguagliò su alcuni dettagli riguardanti lo smaltimento dei rifiuti, il funzionamento dell'enorme caldaia per il riscaldamento ed i relativi pannelli di controllo, la posizione delle griglie sopra i tre camini della casa, le varie chiavi, il pannello elettrico con la sua serie di fusibili ormai fuori moda, gli interruttori e le prese di corrente. Cercammo d'immagazzinare tutte queste informazioni, ma un attimo dopo le avevamo completamente dimenticate. Tutto ci sembrava così diverso da come eravamo abituati noi – non c'erano mura dipinte, la luce elettrica si accendeva spingendo gli interruttori verso l'alto invece che verso il basso, il riscaldamento centrale funzionava ad aria calda, alimentata dall'acqua del lago e scaldata attraverso serpentine sotterranee. (Sembrava complicato, ma ci rassicurò che funzionava bene).

Juhani e sua figlia ci mostrarono il giardino. Era un appezzamento di considerevole grandezza, ma ridotto ad un'area piuttosto piccola di erba rasata e ad un paio di aiuole fiorite (per via delle alte erbacce che erano cresciute in modo aggressivo intorno alla casa, accanto agli alberi e alle pietre). La riva del lago, che distava solo qualche metro, non si vedeva. L'erba e le alghe facevano da barriera naturale e davano una certa *privacy* alla casa, nascondendola dalle barche che navigavano sul lago, ma allo stesso tempo impedivano di ammirare la bellezza del Pajanne dal giardino, a meno di non salire su una sedia.

A circa dieci metri dalla casa c'era un'altra costruzione fatta di tronchi, più piccola della casa principale; sulla facciata un balconcino dava su un pontile di legno che si estendeva sull'acqua, simile ad una piattaforma galleggiante, ollegata in modo precario alla terra tramite due assi di legno. L'edificio ricordava una gigantesca casa delle bambole e comprendeva un salotto e la sauna. Juhani ci disse che in estate era bello fare la sauna vicino al lago invece che nella casa principale , così da godersi una bella nuotata rinfrescante subito dopo essere usciti dall'intenso calore.

Celia e io andammo sul pontile traballante e da lì guardammo il lago. Era un piccolo tratto del grande Pajanne che, con le sue rive tortuose, bagnava varie insenature alberate, fino a raggiungere i porti turistici del villaggio. L'acqua era invitante, leggermente increspata, di un intenso colore blu scuro, fresca dopo lo scioglimento dei ghiacci durati diversi mesi. Non si vedevano case lungo le sponde del lago e il silenzio era assordante.

Quel posto ci piaceva.

Tornati in cucina Juhani e io ci stringemmo la mano e gli consegnai un assegno in sterline corrispondente all'ammontare dell'affitto per i primi tre mesi. Nulla di più semplice. Ci invitò a pranzo in un piccolo ristorante-bar nel villaggio. Avevamo siglato il nostro accordo.

Tornammo a Helsinki soddisfatti della nostra decisione e cominciammo subito a programmare il nostro viaggio successivo: questa volta la destinazione era la nostra casa sul lago. Lasciammo la Volvo davanti all'ufficio dell'autonoleggio Hertz e, una volta in albergo, brindammo alla Finlandia.

Tutto era stato estremamente facile. Nel nostro entusiasmo cercammo di spiegare al portiere l'ubicazione della casa e a che distanza fosse, ma la nostra pronuncia del nome del villaggio era probabilmente così lontana dalla corretta pronuncia finlandese che lui scambiò il nostro villaggio per una città molto più a nord e con un nome completamente diverso. Non era un fatto molto incoraggiante, ma comunque divertente.

Case e giardini

Tornammo per la prima volta al nostro villaggio in giugno, nel pieno dell'estate finlandese. Juhani aveva costruito un imponente steccato in legno lungo un lato della casa, per separarla dal terreno che apparteneva a suo figlio. L'arco che aveva eretto sopra il vialetto d'accesso assomigliava più a quello dell'ingresso di una fattoria dei *cow-boy* nel centro del Texas che a quello di una casa finlandese fatta di tronchi, ma devo comunque ammettere che ci dava un certo senso di *privacy,* cosa molto importante nella cultura inglese.

Casa Paradiso

Lo steccato correva per tutta la lunghezza di un lato del giardino, dal margine dell'acqua fino a una fila di alberi che segnavano il confine sul retro della casa. Accanto allo steccato Juhani aveva conficcato nel terreno delle scatole metalliche rosse dall'aspetto strano, simili a mine. Ci spiegò che in Finlandia questi demarcatori servono a definire i confini delle proprietà terriere e la legge impedisce la loro rimozione. Vengono fissati al terreno con tre spunzoni che si espandono nel momento in cui vi vengono inseriti, e lì restano. Nelle vecchie proprietà questi demarcatori possono essere rocce, alberi o qualsiasi altro oggetto che possa considerarsi un punto di riferimento fisso. Qualche volta un semplice nastro adesivo rosso legato a un albero svolge la stessa funzione. E a nessuno verrebbe mai in mente di toglierlo.

Nel 1994 la Finlandia stava ancora riprendendosi da una pesante recessione economica che era durata parecchi anni e aveva colpito al cuore sia le imprese, che i privati, soprattutto nelle campagne. Questa realtà era evidente e tangibile. Le persone avevano come primo scopo quello di arrivare alla fine del mese e di avere cibo a sufficienza sulla tavola. Capi d'abbigliamento firmati, automobili e generi di consumo di lusso non costituivano una priorità ed erano ancora estranei alla cultura del Paese.

La recessione aveva inevitabilmente colpito anche il mercato immobiliare e, di conseguenza, la manutenzione delle case, cosa a cui i finlandesi hanno sempre tenuto moltissimo. E lo stato generale e l'aspetto degli edifici chiaramente ne risentiva.

Anche fuori dai villaggi le case erano tradizionalmente fatte di legno, solitamente in assi o spesso in tronchi verniciati di rosso, di giallo, di grigio chiaro o blu pastello, con infissi bianchi per le finestre. Molte avevano l'aspetto un po' trascurato e avrebbero avuto bisogno di imbiancatura, di riparazioni sul tetto o comunque di una rinfrescata. Tutte, senza eccezioni, erano circondate da piccole capanne di legno di diverse dimensioni, sparse qua e là nel giardino, e avevano enormi cataste di legna disseminate quasi dappertutto, qualche volta perfino in mezzo al prato. La cataste consistevano in ceppi ordinatamente posati uno sull'altro, tutti di uguale lunghezza (trenta centimetri, come avemmo modo di scoprire in seguito), perche' si potessero adattare alle dimensioni dei forni per il pane e delle stufe per la sauna. Ai due margini della catasta, due paletti impedivano ai ceppi di cadere e qualche volta si vedeva una copertura in plastica, gettata sopra la catasta, con lo scopo di ripararla dalla pioggia e, durante l'inverno, dalla neve.

La legna è un combustibile fondamentale nelle case finlandesi; una buona catasta di legna dà un meraviglioso senso di sicurezza. Fornisce la sensazione rassicurante di poter avere una casa riscaldata, confortevole e pane caldo appena sfornato anche quando il mondo è sotto metri di neve - o qualora i russi dovessero decidere di sospendere le forniture di gas e di corrente elettrica al loro vicino di casa, minuscolo ma ostinatamente anti-russo!.

Dopo tanti anni di vita in Finlandia anche noi conosciamo bene questa sensazione. Alla fine dell'estate si raccoglie la legna, oppure ce la si fa consegnare a casa. I ceppi si accatastano e si aggiungono a quelli rimasti dall'inverno precedente e dalle saune estive. E' bello vedere, dalla finestra, le pile di legna accatastate in giardino e provare quella bella sensazione di sicurezza e di benessere.

Per noi la consegna della legna avviene di solito in agosto. Ce la portano con un rimorchio, in ceppi già tagliati che devono essere solo accatastati. Cerchiamo di metterne il più possibile nel piccolo ripostiglio in fondo al garage, in tre pile ordinate dell'altezza di circa due metri, mentre il resto lo conserviamo in un angolo del giardino. L'anno successivo la riserva del giardino verrà spostata nel ripostiglio, così il ciclo continua. In teoria cerchiamo di utilizzare sempre la legna dell'anno precedente e di sostituirla con quella nuova. In pratica, invece, non riusciamo mai a bruciarne abbastanza per smaltire tutti i vecchi ceppi, con il risultato che i ceppi nuovi, vengono sempre usati prima di quelli vecchi. Sono più che certo che i ceppi accatastati in fondo al ripostiglio siano ormai così vetusti da non bruciare neppure nella stufa per la sauna. Comunque sia, almeno sappiamo di avere legna in abbondanza. E saperlo è davvero una bella sensazione.

Le case, erano tradizionalmente semplici costruzioni quadrate su una base di cemento, spesso con un tetto in lamiera che con gli anni si arrugginiva per via della neve. Avevano canali di scolo che scendevano dalla grondaia e finivano con una parte ricurva che si interrompeva sopra il terreno, per consentire all'acqua piovana di defluire sull'erba e disperdersi nella terra. Un sistema davvero semplice.

Erano solitamente costruite in piccoli agglomerati, addossate l'una all'altra senza delimitazione di confini fra i vari giardini, aperte agli sguardi altrui ed ai pettegolezzi discreti dei vicini. In alcuni casi la chiave veniva lasciata nella serratura fuori dalla porta; probabilmente i proprietari la dimenticavano, consapevoli che la sicurezza non costituisce un problema nelle piccole comunità. Ci dissero che per far sapere ai vicini (o a chiunque altro si trovi a passare di lì) che non si è in casa, si deve mettere una scopa di traverso sulla soglia. Questo, pensammo noi, era quasi un invito a nozze per dei ladri potenziali e, per qualche ragione e' un metodo che non abbiamo ancora sperimentato per via di anni passati ad installare sistemi antifurto; le nostre menti ormai abituate a pensare a lucchetti speciali, sensori luminosi di sicurezza, a ronde di quartiere. Tutto il nostro coraggio per ora consiste nel lasciare aperte le finestre, protette solo dalle zanzariere, quando siamo fuori casa per l'intera giornata, ma perfino questo ha richiesto un lungo dibattito prima di essere messo in pratica. (Alla fine, con fatica, ci siamo abituati a capire che questo Paese offre un grande senso di protezione e di sicurezza. In molti casi, la gente lascia le chiavi fuori dalla porta giorno e notte e tutti dormono sonni tranquilli. Anche noi una volta l'abbiamo fatto, seppur per errore devo ammettere, dato che portiamo ancora sulle spalle la cultura della violenza e del crimine. Ma piano piano stiamo imparando.

Adesso lasciamo perfino una chiave in giardino, in un posto strategico, nel caso in cui restassimo chiusi fuori. Abbiamo fatto progressi. Purtroppo, nell'unica occasione in cui la porta d'ingresso sbatté chiudendoci fuori casa, la "chiave di sicurezza" non era ancora al suo posto. Eravamo in pantofole perche' si trattava di una brevissima spedizione nel portico di casa, ed era inverno! Dovemmo far ricorso all'amico che si occupa della casa quando siamo in Inghilterra, il quale venne in nostro aiuto con la chiave di riserva che gli avevamo dato. Quella volta ci sentimmo davvero stupidi.

La sicurezza è una caratteristica fondamentale di questo paese. La Finlandia è un Paese sicuro, al punto che i bambini possono andare a scuola da soli quando, nelle mattine d'inverno, è ancora buio. Possono attraversare la foresta senza rischiare brutti incontri (tranne naturalmente quelli potenziali con lupi, orsi, linci, alci eccetera). E' un Paese in cui le signore anziane possono vivere da sole nelle loro case in mezzo alla foresta, sapendo di non dover temere nulla dagli altri esseri umani.

Mi ricordo - come fosse ieri - un mattino d'inverno di molti anni fa, in cui ci capitò di dover uscire presto, quando fuori era ancora buio pesto. Riuscimmo ad essere in auto alle otto e mezza, dopo aver fatto colazione con due tazze di tè ciascuno e una fetta di pane tostato e *marmite*, e attraversammo il villaggio ancora addormentato. Le auto sono rare perfino all'ora di punta e a quell'ora del mattino anche la strada principale che taglia il paese in due era deserta. Ad un angolo si intravedeva la *silhouette* solitaria di un bambino, imbacuccato fino al collo nei suoi indumenti invernali, con uno zainetto in spalla, il cappello di lana calcato sugli occhi. Non avrà avuto più di otto o nove anni. Se ne stava fermo lì, certamente in attesa di un amico con cui avrebbe percorso la distanza di circa due chilometri che lo separava ancora dalla scuola. Lo guardammo increduli mentre passavamo in auto. Poi pensammo che eravamo in un piccolo villaggio finlandese e che quel bambino sarebbe arrivato a scuola sano e salvo ed in perfetto orario. Non pensammo più a questo episodio. E al bambino non successe niente di male, naturalmente.

Nei giardini,   semplici spazi aperti di terreno attorno alle case, sporadicamente faceva una timida apparizione qualche orto, circondato da erbacce   lasciate crescere a dismisura. Gli spiazzi d'erba erano interrotti da grandi cespugli di piante basse che crescevano dappertutto, assorbendo ogni goccia di umidità dal terreno e sviluppando foglie di dimensioni enormi. Queste piante sembravano essere una caratteristica comune a tutti i giardini.

Anche noi ne abbiamo avute alcune, invasive e resistenti, e nel corso degli anni le abbiamo eliminate, riuscendo a estirparle con grande difficoltà. Le loro lunghe radici tuberose sono saldamente radicate nel terreno. Se lasciate libere di crescere, in breve tempo ricoprono vaste aree e conferiscono al giardino un'aria pesante e disordinata. Nessuno, stranamente, sembrava preoccuparsene troppo, probabilmente perché non richiedono attenzioni o cure, neppure in inverno. Coprono completamente le erbacce e sopravvivono senza problemi anche al gelo. Devo dire che noi invece le detestiamo e siamo riusciti a sbarazzarcene in modo totale.

Accanto a ogni casa c'erano alcuni cespugli di frutti di bosco, carichi di bacche succose e variopinti nel loro disordine, qualche volta sostenuti da paletti di plastica posti attorno ai rami, qualche volta coperti da una rete in modo da proteggere i frutti dall'appetito vorace degli uccelli. Questi cespugli sono l'orgoglio e al tempo stesso il cruccio di molti finlandesi, per i quali la raccolta dei frutti di bosco è una specie di passatempo nazionale obbligatorio. Tutti raccolgono i frutti di bosco, ma quasi tutti odiano farlo. I frutti di bosco sono così importanti nella vita delle campagne finlandesi che più avanti ne parlerò in un intero capitolo.

I vialetti d'accesso alle abitazioni non erano affatto vialetti. Di solito erano costituiti da due strisce di terreno, in origine formatesi dal passaggio delle ruote dei carri e successivamente da quelle delle auto che, calpestando l'erba, vi avevano scavato un solco nel corso degli anni. Finivano nel nulla, confondendosi con il prato.

Molti giardini avevano l'aspetto di una discarica. Servivano come deposito di una serie di oggetti , abbandonati qua e là, quasi dappertutto quando, non servivano più. Le vanghe per spalare la neve erano ancora appoggiate ai muri della casa e con ogni probabilità sarebbero rimaste lì fino all'inverno successivo. Innaffiatoi, giocattoli, coperture in plastica, assi di legno, slitte. Era inevitabile pensare che i giardini non fossero importanti: erano solo spazi di terreno dove depositare gli oggetti che non trovavano posto all'interno della casa. Ma ovviamente lo spazio non è una cosa rara da queste parti. C'è terreno dappertutto. Ci sono distese di terreno vuote e accessibili a tutti. La popolazione del paese (la metà degli abitanti di Londra), concentrata almeno per il cinquanta per cento nelle città principali situate a sud o a ovest, è distribuita su un territorio più vasto della Gran Bretagna. La terra è vuota e la gente può occuparla legalmente, ovunque. Lasciare utensili od oggetti vari in giro per il giardino non è importante. Si può avere lo spazio di tutte le foreste della Finlandia a disposizione.

Un giorno, molti anni fa, stavamo pranzando con nostra figlia e con il suo futuro marito nel portico del *cottage* in legno, che avevamo costruito in un vecchio bosco non lontano dal nostro villaggio. Ricordo che improvvisamente apparve al cancello un tale con un secchio di plastica in mano. Camminava spedito in direzione del nostro ingresso, ignorandoci totalmente, poi scese per un piccolo pendio e scomparve nel bosco – il nostro bosco! Gli chiesi, con quel tipico modo di dire inglese, "Mi scusi... posso esserle di aiuto?" nascondendo il fatto che ero furioso per la libertà che si era preso. Non si voltò neppure, cosa che mi fece infuriare ancora di più. Avrei forse dovuto parlargli in finlandese, ma probabilmente sarebbe scoppiato a ridere, data la mia pronuncia.

Era sicuramente la stessa persona che l'inverno precedente, col terreno ancora coperto da una spessa coltre di neve, un giorno era entrata con gli sci dal nostro cancello aperto, chiedendoci quale fosse la via più semplice per scendere al lago e poi, senza dire neppure una parola per scusarsi o ringraziare, si era dileguata nel bosco in direzione della sponda ghiacciata del lago.

Quando parlammo ad alcuni amici di questo misterioso sciatore, attendendoci delle reazioni indignate davanti ad una simile violazione della nostra *privacy*, apprendemmo che in Finlandia tutti i terreni sono accessibili a tutti ed è quindi possibile attraversarli, a piedi o con gli sci, raccogliervi frutti di bosco o funghi e così via – a meno che non ci sia la scritta "Privato".

Il giorno dopo andammo alla cittadina vicina e trovammo una piccola_stamperia. Ci facemmo fare un meraviglioso cartello giallo e nero con la scritta, "Area Privata" e lo attaccammo al cancello del nostro *cottage*. Avrei voluto aggiungere "I trasgressori saranno divorati dagli orsi", ma Celia riuscì a convincermi che il cartello era già abbastanza eloquente così. Sembra infatti che abbia funzionato, tenendo lontano tutti; salvo il nostro sciatore con l'*hobby* di raccogliere frutti di bosco il quale, con il suo secchio di plastica in mano, aveva deciso di ignorare volutamente il cartello in quel giorno d'estate. Tutti i finlandesi che abbiamo incontrato nel corso degli anni, si sono sempre dimostrati gentili e riguardosi; preferisco quindi pensare che il nostro "intruso" sia stato un raro esempio di ignoranza e arroganza. Magari – come insinuerebbero molti finlandesi – in realtà si trattava di un russo!

In alcune parti del prato si aveva l'impressione che l'erba fosse stata tagliata in modo irregolare e solo per aprire a caso degli spazi fra le betulle, gli abeti e i cespugli di frutti di bosco, non tanto quindi per scopi estetici ma piuttosto per ragioni pratiche. Non si vedevano mobili da giardino, tranne qualche rara sedia in plastica, il tradizionale e pesantissimo tavolo di legno con i sedili scavati nei tronchi d'albero e la complicata struttura dei sedili a dondolo in legno appoggiati su una pedana mobile, che ogni giardino esibiva con orgoglio.

Anche noi abbiamo uno di questi strani sedili sul retro della casa. Nel salirci si rischia la vita, dato che le assi che compongono la pedana si muovono quanto il dondolo stesso. Non c'è niente di stabile o di fisso, ma dobbiamo ammirare l'inventiva e il *design* del congegno che rende questo aggeggio comodo e rilassante, una volta riusciti a salire a bordo. Non è sicuramente consigliabile a chi stia cercando di smaltire una sbornia dopo un'allegra serata trascorsa in qualche bar del posto in compagnia di amici.

Di sicuro non avevamo mai visto dei dondoli simili fino al nostro arrivo in Finlandia. Hanno un aspetto pesante e complicato, come fossero *puzzle* tridimensionali. Occupano moltissimo spazio in giardino, ma sono un *must* in ogni casa finlandese.

Quando, un'estate, una delle nostre figlie con famiglia vennero da noi, ne rimasero così incantati che contattammo la ditta produttrice attraverso un amico e, facendo loro una sorpresa, ne mandammo uno in regalo per il loro giardino nel Devon. Con la tipica efficienza finlandese, il dondolo venne consegnato in tempi brevissimi in un remoto (e bellissimo) paesino situato al centro della più verde contea inglese.

Tornati in Inghilterra, aiutai mio genero a montarlo durante un weekend che trascorremmo a casa loro. Dovemmo raccapezzarci con il manuale di istruzioni che fortunatamente aveva delle figure illustrative. Se così non fosse stato, assemblare tutti quei pezzi di legno, seguendo le istruzioni in finlandese, si sarebbe rivelata un'impresa ai limiti dell'impossibile, perfino per un astrofisico. La complicata struttura del dondolo ora troneggia nel giardino collinoso di nostra figlia, e tutti quelli che l'hanno visto, o che hanno provato l'ebbrezza di dondolarcisi sopra, l'hanno trovato di grande effetto. E' un divertente pezzettino di Finlandia nel giardino di un *cottage* di campagna nel Devon.

Nel corso degli anni abbiamo visto migliorare sensibilmente la situazione generale della Finlandia. L'economia dà segnali di maggiore stabilità e fiducia e la gente sembra essere più agiata, pur conservando il suo semplice modo di vivere. Le facciate delle case sono state ridipinte, sono diventate più pulite e più curate. I giardini ora cominciano ad assumere una forma ed un aspetto che non avevano mai avuto, e l'erba viene tagliata regolarmente e con maggior cura.

Mi ricordo della nostra prima estate sul lago. Era agosto e le giornate erano meravigliosamente calde e assolate. Tutto per noi era ancora nuovo, e trascorrevamo molto tempo sul piccolo pontile traballante, seduti sulle assi di legno, godendoci gli spruzzi delle onde quando passavano le barche. Quando decidemmo che era giunto il momento di star seduti sul pontile in modo un po' più comodo, cominciammo a guardarci attorno pensando di comprare delle sedie pieghevoli. Riuscimmo a trovare soltanto due sedie a struttura tubolare con i sedili in tessuto. Erano molto basse, rasentavano quasi il terreno, ma si rivelarono utilissime. Le trovammo in un negozio di ferramenta, ormai scomparso da tempo, nel villaggio accanto al nostro, dopo aver cercato in molti altri negozi. Strano a dirsi, ma penso venissero dal Brasile. Passammo molte ore a prendere il sole seduti su quelle sedie.

Ora si trovano mobili da giardino di ogni tipo e di ogni stile quasi dappertutto. Il proliferare di riviste e di programmi televisivi di giardinaggio ha fatto nascere un'enorme interesse per tutto ciò che ha a che fare con il giardino, dagli attrezzi da lavoro agli ombrelloni, dalle tende per   esterni agli accessori per l'irrigazione. Un notevole numero di centri di giardinaggio ha fatto la sua comparsa in diversi luoghi. Grandi e ben organizzati, hanno poco da invidiare a quelli di più consolidata tradizione che esistono in Inghilterra. Mancano solo alcune piante a noi familiari, ma semplicemente perché non potrebbero sopravvivere agli inverni della gelida Finlandia.

Tutti i grandi negozi ora espongono una vasta gamma di attrezzi da giardino di note marche internazionali: forbici, cesoie, zappe, decespugliatori manuali o meccanici e così via. Esiste ormai di tutto, ad eccezione di un attrezzo che finora   non abbiamo visto da nessuna parte in Finlandia: il rasatore a lama verticale, così utile per rifinire i bordi del prato e i cerchi intorno agli alberi.   Non esiste per la semplice ragione che in Finlandia non ci sono bordi da rifinire. I giardini si confondono con i vialetti di accesso ed i sentieri, e le basi degli alberi vengono abbandonate all'aggressione dell'erba che cresce indisturbata.

Alcuni anni fa decidemmo di regalare questa specie di cesoia verticale dalla lunga impugnatura ad un'amica che, con interesse e amore per il giardinaggio unito a grande bravura, aveva lentamente trasformato il terreno della sua fattoria in mezzo alla foresta in un delizioso e variopinto giardino. Acquistammo due di questi attrezzi in uno dei tanti centri di giardinaggio in Inghilterra, li avvolgemmo con la plastica da imballaggio e con il cartone e li facemmo passare al controllo a raggi X a Heathrow come "bagaglio eccezionale". Li riprendemmo all'aeroporto di Vantaa e per Natale ne regalammo uno alla nostra amica, ben consci che non sarebbe stato utilizzato almeno per altri sei mesi. Penso che lei ormai abbia imparato ad usarlo, dato che, dopo un duro lavoro di zappa intorno alle aiuole, è riuscita a creare bordi ben delineati per i suoi fiori e per l'orto... quando il terreno non è coperto di neve, ovviamente. Quindi ora in Finlandia esistono due esemplari di questi utilissimi attrezzi.

Mi ricordo della prima volta in cui vedemmo un uomo tuttofare del villaggio tosare l'erba nel campo incolto che circondava un bar nelle vicinanze della darsena. Ci stavamo godendo una bibita rilassante sul terrazzo che si affaccia sul lago ed ammiravamo le barche attraccate ai pontili che si stendevano sull'acqua. Usava un tosaerba manuale che sembrava vecchio di almeno trent'anni, ed era privo del sacco posteriore destinato a raccogliere l'erba tagliata. Camminava in linea retta, spingeva la macchina con l'espressione di chi avrebbe preferito essere a casa a guardare la televisione, o in un bar con gli amici a sorseggiare un paio di bicchieri di *Vina*. Arrivato alla fine del campo, invece di girare il tosaerba per ricominciare il lavoro nell'altro senso, lo spingeva indietro fino al punto di partenza e ricominciava a spingerlo per tagliare un altro tratto di prato. In questo modo copriva la stessa distanza due volte, mettendoci il doppio del tempo e lasciando il prato coperto dall'erba tagliata. Quell'uomo non costituiva un'eccezione. Abbiamo visto fare la stessa cosa innumerevoli volte, senza mai capirne il senso. Allora pensammo semplicemente che fosse il modo finlandese di tagliare l'erba , e trovammo il fatto divertente.

Le cose ora sono cambiate. La tecnica (o la mancanza di tecnica) si e' ormai evoluta, è diventata anche più pratica e accurata, sebbene abbia perso il suo aspetto divertente. Il mondo sta diventando uguale dappertutto e ugualmente noioso.

Ritornando al nostro giardino, Juhani mi aveva gentilmente messo a disposizione il suo trattore tosaerba per tenere sotto controllo il prato. Non ne avevo mai usato uno e, dopo un periodo di apprendistato, cominciai a divertirmi a guidare quella macchina attorno agli alberi e alle rocce, sebbene fosse totalmente inadeguata alla natura del giardino, ricavato da un campo ancora con buche, avvallamenti e pietre. La superficie era irregolare, sconnessa ed invasa da alberi. Inoltre il tosaerba aveva la lama rotatoria proprio al centro, sotto il sedile, cosa che rendeva praticamente impossibile tosare l'erba ai margini del giardino. Cominciai a capire perché fosse stata tagliata solo una minuscola parte del prato, quella attorno alla casa e nella zona centrale, lontana dagli alberi, dalle rocce e dalle aiuole di fiori. Era il modo più facile. Oltretutto la macchina era piuttosto vecchia; di tanto in tanto la cinghia di gomma che controllava la rotazione della lama rendeva l'anima al creatore, e la macchina si fermava. Il problema doveva esistere già da parecchio tempo, dato che Juhani, con la sua inventiva in fatto di meccanica, aveva perfino sostituito un pezzo della cinghia con una catena metallica, ma questo non era servito a guarire la malattia. Così circa ogni quarto d'ora dovevo inclinare il trattore e armeggiare con la cinghia e la catena, fino a ristabilire la tensione corretta ed a far ripartire il motore. Non era un situazione ideale.

Non sono affatto un esperto giardiniere, ma ho le idee chiare su come tenere in ordine un giardino. Così iniziai a tagliare a mano l'erba più alta e le erbacce più invadenti, e lentamente cominciai a scoprire i confini dell'appezzamento di terreno. Quello che noi pensavamo fosse ancora il giardino si rivelò essere il lago, e quella che ritenevamo fosse acqua si rivelò terra. Molti alberi divennero così visibili per la prima volta e apparve perfino un alto lampione, sorpreso lui stesso dal fatto di aver riacquistato la sua funzione di illuminare invece di restare nascosto fra i cespugli. Era un lavoro molto laborioso e lento.

Dopo un successo relativamente incoraggiante, decidemmo infine che avevamo bisogno di qualcuno che ci aiutasse. A parte la difficoltà di penetrare con utensili manuali una "giungla" a lungo trascurata, la quantità di tempo richiesta per la cura del giardino e le nostre lunghe assenze, nelle settimane che passavamo in Inghilterra, erano ragioni sufficienti per cercare qualcuno che provvedesse a tagliare l'erba ed a eliminare le erbacce.

La velocità di crescita della vegetazione in Finlandia ha dell'incredibile. Si ha l'impressione che la natura avanzi con una velocità tutta sua. Tutto è coperto dalla neve e dal ghiaccio per quasi sei mesi all'anno e i semi piantati in autunno non mostrano alcun segno di vita fino a maggio. Poi, improvvisamente, alla fine di giugno, il raccolto sembra portarsi alla pari con quello dei suoi cugini dei climi caldi, impiegando solo due mesi a raggiungere il risultato che altrove viene raggiunto nel doppio del tempo. Le lunghe ore di luce dei mesi estivi spingono la natura ad accelerare il passo e, appena la neve e il ghiaccio scompaiono dal terreno, si può quasi vedere l'esplosione dei germogli crescere mentre li si guarda.

Il problema è, naturalmente, che l'erba cresce alla stessa velocità delle erbacce. Questo significa che, se non si interviene con un'azione disciplinare a base di cesoie e diserbanti, le erbacce invadono ogni angolo del giardino. Assentarsi per un mese e lasciare il giardino abbandonato a se stesso significa trovare al proprio ritorno una foresta infesta dalle zanzare. Era quindi essenziale trovare una persona disposta a dedicare del tempo alle cure del giardino come facevamo noi, senza che ci considerasse   troppo pedanti.

Grazie ad alcune conoscenze nel villaggio, avemmo un prezioso consiglio da un proprietario terriero della zona, che ha una solida impresa agricola e si occupa dei suoi molti ettari di terreno. "Il rimedio migliore e più rapido contro le erbacce è l'aceto", ci disse. Seguimmo il suo consiglio ed andammo al supermercato del villaggio per comprarlo. Lo trovammo, confezionato in grandi bottiglie di plastica ed in tinozze, generalmente usato per preparare sottaceti. Ne comprammo un certo numero di entrambe. Una volta a casa mescolammo l'aceto con l'acqua in un innaffiatoio, facendo attenzione a rispettare le proporzioni suggerite dal nostro amico: due parti d'acqua e una di aceto; io cominciai ad andare su e giù per il vialetto, spruzzandoci sopra questo miscuglio. Quando ebbi finito, il vialetto profumava come una bella insalata mista, ma il giorno dopo le erbacce erano morte stecchite!

Da allora usiamo sempre questo procedimento; immagino che i supermercati della zona si stiano chiedendo come mai tutto d'un tratto, negli ultimi cinque o sei anni, le massaie del villaggio abbiano improvvisamente incrementato l'attività della conservazione sottaceto. Gli *stock* di aceto non fanno in tempo ad apparire sugli scaffali che sono già scomparsi. Probabilmente ci sarà chi dovrà fare a meno dei cetrioli o delle cipolle   sottaceto per un pò, ma   se non altro il nostro vialetto è finalmente libero dalle erbacce.

Torniamo alla nostra ricerca di un giardiniere. Più facile a dirsi che a farsi. Trovare qualcuno si rivelò un'impresa molto difficile. Il giardinaggio non apparteneva alla cultura locale. Estirpare le erbacce era considerato un passatempo per signore che si occupavano delle loro aiuole. I giardinieri e la manutenzione dei giardini non esistevano. Inoltre, la filosofia finlandese del "va bene così" fa sì che i dettagli vengano spesso ignorati. Questo si riflette su tutti gli aspetti della vita di ogni giorno. La spinta supplementare da dare ad una porta che non si chiude bene, l'angolo di un gradino che non è perfettamente allineato con gli altri, le assi del pavimento che cigolano o che non combaciano; tutto questo è indiscutibilmente meno importante della vita stessa o delle foreste. Sappiamo che la perfezione non esiste e, invece che stressarsi, i finlandesi accettano questo fatto, si rilassano e continuano a fare quello che amano fare. Quindi le erbacce, i sentieri sconnessi o l'erba che cresce alta intorno agli alberi del giardino non rivestono grande importanza, e finiscono sempre in fondo alla lista delle cose da fare.. I finlandesi forse hanno ragione e certamente anche noi, nel corso degli anni, siamo diventati più pigri e più tolleranti nei confronti delle imperfezioni, ma nonostante ciò ci ostinavamo a volere che il nostro giardino avesse un aspetto gradevole. Forse la nostra è un'ossessione tutta inglese.

Nel villaggio esisteva un numero esiguo di uomini tuttofare, molto conosciuti nella zona, forniti di macchinari di ogni tipo ed in grado di risolvere qualsiasi problema che richiedesse un lavoro pesante, come lo scavare, spalare, spostare zolle di terra o rocce e così via. Avrebbero sicuramente potuto eliminare le pietre o tagliare gli alberi, ma il giardinaggio, lavoro che richiede attenzione per i dettagli, era un concetto a loro alieno. Inoltre, non ci consideravano ancora "del posto" e occupavamo quindi un gradino molto basso nella loro scala di priorità. Molto spesso sembrava che qualche caso urgente richiedesse la loro presenza da qualche altra parte, e da noi non si presentavano neppure. Ci sentivamo un po' frustrati, ma le cose funzionavano così, e non avevamo nessuna intenzione di cercare di cambiare le vecchie abitudini dopo solo poche settimane di permanenza nel villaggio. Il risultato fu che fummo costretti a comprare un tosaerba e molto spesso fui io a dover fare questo lavoro. Quello che detestavo di più era svuotare il sacco pieno di erba appena tagliata. Più di una volta fui tentato di staccare il sacco e lasciare che l'erba si spargesse per il giardino, proprio come avevo visto fare da quel signore accanto al bar sulla darsena, ma poi mi ricordai dei nostri commenti e non ne ebbi il coraggio. Così, brontolando, svuotavo il sacco.

Paula – l'amica che insieme a Tuomo ci aveva portati a fare il picnic di mezzanotte nella foresta in pieno inverno – ci aiutò a trovare una studentessa disposta a occuparsi del nostro giardino durante l'estate. Paula a quell'epoca collaborava con l'organizzazione 4H, un'istituzione molto nota che preparava giovani e anziani a prendersi cura della terra e delle foreste. Conosceva quindi molti studenti con l'interesse per l'ambiente naturale e per l'agricoltura. Così ci presentò una graziosa fanciulla di nome Henna, la quale un'estate passò tantissime ore nel nostro giardino senza combinare quasi nulla, a parte dimostrare buona volontà e grande lentezza. Non sapeva nulla di giardinaggio, ma era molto simpatica e perlomeno tenne a bada le erbacce nel periodo in cui eravamo in Inghilterra. Abbiamo perso le

44

tracce di Henna; avrà sicuramente trovato un lavoro più interessante dopo i suoi studi universitari. Le auguriamo tutto il successo possibile

Negli ultimi anni sono stati un paio di ragazzi della scuola del villaggio ad occuparsi del giardino e della casa. Inizialmente un amico ci indicò il figlio di una coppia di suoi conoscenti. Si chiamava Ari, era timido, timoroso di esprimersi nel suo limitato inglese e molto contento all'idea di guadagnare qualche soldo che l'avrebbe aiutato a coltivare la sua passione per il *motocross*. Dovette imparare il "mestiere" e abituarsi a quelle che a lui saranno sicuramente sembrate le noiose abitudini di una coppia di inglesi di mezza età.

Era molto giovane e dovette adattarsi ad avere il suo primo "capo", e a un modo di pensare che differiva totalmente dal modo finlandese di approccio nelle relazioni. In Finlandia spesso le cose non si dicono in faccia, ma attraverso altri, in modo da non adombrare le persone. (In genere il risultato è che le persone si adombrano ugualmente.)

Ari si rese conto che parlarsi schiettamente non significa necessariamente litigare o rompere un rapporto, e che io comunque non serbo mai rancore a nessuno. Mi ricordo che un giorno non si presentò all'ora stabilita. Dopo averlo atteso per circa mezz'ora, decisi che il suo ritardo fosse assolutamente inaccettabile, soprattutto considerando la religiosa puntualità dei finlandesi, e lo chiamai al suo telefono cellulare. La scusa che addusse fu che aveva avuto un impegno altrove. Lo sgridai severamente per non avermi avvertito e gli feci presente che il mio rimprovero andava preso sul serio. Ari più tardi arrivò da me, turbato e preoccupato, e giustificò il suo atteggiamento piuttosto superficiale, dicendo che aveva anche altre cose da fare oltre ad occuparsi del nostro giardino. Gli spiegai che ero disposto ad accettare tutto tranne l'inaffidabilità e la mancanza di comunicazione e in ogni caso non avrei mai accettato che mi trattasse in modo irrispettoso e irriverente. Per quello che mi riguardava, la discussione era finita. Non aggiunsi altro e non gli serbai nessun rancore. Il giovane Ari è diventato un amico che ora ci stima e forse anche ci ammira. Ha capito che parlarsi chiaramente non vuol dire diventare nemici.

Negli anni ha imparato a curare il giardino in modo impeccabile, al punto da stupire i nostri ospiti. Ha poi finito gli studi e si è arruolato nell'esercito – ormai è un giovane adulto – ma , prima di andarsene, volle cercare un amico che lo sostituisse. E lo trovò. Lo vediamo spesso in compagnia di varie graziose ragazze che di tanto in tanto appaiono nella sua vita. Il tempo è passato molto velocemente.

Entrò in scena Tomi, un altro adolescente che frequentava la stessa scuola, il quale dette prova di essere capace e affidabile quanto Ari, così il giardino continuò a essere splendido. Quando partivamo per l'Inghilterra eravamo tranquilli, sapendo che al nostro ritorno sarebbe stato esattamente come l'avevamo lasciato. Abbiamo avuto fortuna.

Al giorno d'oggi molti giardini del villaggio vengono curati con un'attenzione ed una passione che certamente non esisteva quando venimmo in Finlandia per la prima volta. I tosaerba meccanici esistono ormai dappertutto e i finlandesi sono diventati esperti nell'arte di tagliare l'erba a strisce e in quella di liberare le basi degli alberi dalle erbacce. E' una conseguenza del miglioramento delle condizioni di vita; forse anche noi abbiamo il piccolo merito di aver risvegliato nei nostri vicini il desiderio di godere della gioia di avere un giardino ordinato, seppure per il breve lasso di tempo che separa i due inverni. Come ho già detto, il mondo sta diventando anche troppo uguale.

Non eravamo mai entrati in una casa finlandese, abitata da finlandesi; la prima volta fu alla vigilia di Natale. Incontrammo Juhani e famiglia intorno a mezzanotte (cominciavamo a pensare che in Finlandia tutto accadesse di notte). L'appuntamento era al cimitero – e in quale altro posto se non quello? – dove loro avevano acceso delle candele per ricordare i parenti defunti, come è usanza nel villaggio, prima di tornare a casa per la cena di Natale, accanto al fuoco del camino. Ci invitarono nell'appartamento che Juhani aveva comprato dopo averci lasciato la casa, in attesa di trasferirsi in Spagna.

L'appartamento era in perfetto ordine, pulitissimo e molto caldo, soprattutto dopo la breve camminata dal cimitero a 30 gradi sotto zero. Ci togliemmo le scarpe, come fanno tutti entrando in casa. Non si entra quasi mai in una casa con le scarpe ai piedi; non è educato farlo, soprattutto d'inverno, poiché le suole, impastate di neve sporcherebbero il pavimento lasciando segnacci sul legno. Le scarpe vengono sempre lasciate all'ingresso, a volte vengono nascoste ordinatamente in un armadio, ma in genere vengono abbandonate sul pavimento; l'ingresso assume così l'aspetto di un luogo colpito da una tempesta o addirittura da un terremoto. All'interno delle case si cammina in calze – o, d'estate, anche scalzi – e, se nella casa vivono

46

anche animali domestici, si ritorna a casa propria con una certa quantità di peli. Sospetto però che gli animali   siano addestrati a perdere il pelo solo nei posti consentiti e, da bravi finlandesi anche loro,   siano molto rispettosi dei regolamenti.

Da tempo abbiamo adottato il sistema di portare con noi delle scarpe da casa quando andiamo in visita da qualcuno. E' un modo semplice per apparire educati e allo stesso tempo per sentirci a nostro agio con delle scarpe ai piedi; è un sistema che ora hanno adottato anche alcuni nostri amici. Risparmia situazioni imbarazzanti, come la volta in cui fummo invitati a cena da persone molto simpatiche   nel loro appartamento di Tampere. Erano le stesse persone che avevano trasformato la loro vecchia fattoria di famiglia nella foresta, non lontano dal nostro villaggio, in un meraviglioso modello di casa tradizionale finlandese, con il suo delizioso giardino.

Era inverno e avevamo deciso che sarebbe stato saggio trascorrere la notte in un albergo di Tampere, in modo da non dovere ripartire di fretta. Bisognava infatti percorrere una distanza di novanta chilometri su una terribile strada ghiacciata e non avremmo potuto goderci nemmeno un bicchiere di vino con i nostri amici. La Finlandia ha delle leggi molto severe riguardo alla guida in stato di ebbrezza. Anche a me piace bere un paio di bicchieri ma, per una questione di principio, dovunque mi trovi, non bevo mai una goccia di alcol quando so di dover guidare.

Mi ricordo che una volta, in occasione del primo maggio (una delle importanti festività per i finlandesi, durante la quale l'alcol scorre a fiumi), fummo invitati a cena dagli stessi amici, questa volta nella loro dimora nella foresta, dove nel giardino troneggia un grande gazebo. Dovevamo percorrere undici chilometri di   strada in una foresta completamente deserta, a parte la presenza di isolate case in tronchi, che facevano capolino fra gli alberi.

Al momento di svoltare, nel punto in cui la strada raggiunge l'angolo di un lago di una bellezza mozzafiato e diventa uno sterrato, fummo fermati da due pattuglie della polizia che facevano dei controlli a caso. Ai miei convenevoli in finlandese uno dei poliziotti, in perfetto inglese, rispose spiegandomi che dovevo sottopormi a un piccolo "test anti-alcol"; estraendo il piccolo apparecchio con il suo corto tubo di plastica, mi intimò di soffiare con tutto il fiato. Era la prima volta che affrontavo il test. Il risultato fu negativo – ovviamente – e il poliziotto, sempre in inglese, ci augurò una buona prosecuzione del viaggio. La nostra era l'unica auto che si trovava sulla strada, forse la sola che era passata di lì durante il corso della giornata. La cosa era inquietante ed era certamente la prova che non vale la pena di bere, rischiando una multa onerosa e molto imbarazzo, neppure nel mezzo di una foresta.

Così – ritornando al nostro soggiorno a Tampere quell'inverno – mettemmo in valigia il necessario per trascorrere una notte fuori casa e, una volta in albergo, scoprii con orrore di avere un buco nel tallone di una delle mie calze termiche di lana e di non averne un paio di riserva. Trascorsi tutta la serata seduto, tentando di nascondere i piedi accavallandoli sotto la sedia, con il pensiero costantemente rivolto a quel buco che, nella mia testa, era il centro dell'attenzione di tutti. Fu terribile.

Dopo quella volta abbiamo visto svariate case finlandesi. Quasi tutte hanno pavimenti in assi di legno, molto spesso verniciate di bei colori pastello che non sarebbero mai concepibili in Inghilterra. In Inghilterra infatti la luce è diversa, meno nitida e le case sono quasi sempre fatte di mattoni e cemento, la *moquette* copre completamente i pavimenti e la tappezzeria riveste le pareti. In Finlandia c'è sempre grande abbondanza di tappeti colorati di solito prodotti dalle aziende artigianali del luogo. Qualche volta le case hanno una cantina che serve a contenere la pompa dell'acqua ed a conservare le numerose bottiglie di succo di frutti di bosco che viene preparato in autunno.

Affascinati dai colori e dalla qualità di questi tappeti, ne acquistammo alcuni da produttori della zona, pensando di portarli a casa in Inghilterra in ricordo della Finlandia. I negozianti ce li impacchettarono perché li potessimo portare agevolmente in aereo come bagaglio a mano. Il tessuto e i colori erano bellissimi. I loro contrastanti toni di blu, di verde, di giallo e perfino di marrone, si fondevano in combinazioni di grande gusto, adattandosi proprio bene ai pavimenti in legno, alla luce nitida delle estati finlandesi ed ai toni soffusi delle candele e delle fiamme del camino acceso in inverno.

In Inghilterra, invece, non stavano affatto bene. L'aria resa pesante dall'inquinamento, la forma dei giardini, l'illuminazione, i camini… Quei tappeti erano completamente fuori posto. Erano la prova dell'impossibilità di riprodurre un ambiente in assenza di tutti gli ingredienti.

Naturalmente ciò accade anche in senso inverso.

Anni dopo, quando finalmente acquistammo la casa da Juhani, ci facemmo spedire dei mobili dall'Inghilterra. Fra questi c'era un bel tavolo allungabile in quercia, un pezzo d'antiquariato, che pensavamo perfetto per un certo angolo del soggiorno. Quando arrivò e lo liberammo dall'imballaggio, notammo che stonava completamente. Forse era per via del colore scuro del legno di quercia, forse per via delle pareti di semplici tronchi, dei pavimenti di assi lucide, delle grandi finestre che facevano entrare tanta luce o forse solo per via della complicata struttura delle gambe. Qualsiasi ne fosse la ragione, un mobile che nella nostra casa edoardiana in Inghilterra era perfetto, stava invece malissimo in Finlandia. Amareggiati e delusi, spostammo il tavolo nel salotto della sauna estiva, dove giace in un angolo, coperto da un telo. Che tristezza.

I salotti o i saloni sono gli spazi più importanti di una casa finlandese – dopo la sauna, naturalmente. E' qui che troneggiano i grandi camini. Una volta erano fatti in pietra di granito o in ceramica. Ora sono spesso in pietra saponaria, un tipo di materiale levigato simile al granito, capace di conservare il calore a lungo e di scaldare l'intera casa.

Tradizionalmente le vecchie fattorie erano lunghi edifici di legno su un piano solo, con stanze comunicanti in modo da sfruttare al meglio la luce d'inverno. Spesso avevano una sala comune molto ampia (la *tupa*) in cui i contadini si riunivano dopo la dura giornata di lavoro. Stavano seduti sulle lunghe panche di legno poste accanto alle pareti, guardavano l'enorme camino e discutevano di questioni legate alla campagna, dei capricci del tempo e della caccia, mentre le donne cuocevano il pane o sferruzzavano.

Gli amici che andammo a trovare nel loro appartamento di Tampere avevano una fattoria simile, vicina a uno splendido lago circondato da belle e folte foreste. Le vecchie caratteristiche sono state religiosamente conservate, come gli elementi tipici della vecchia *tupa*. Molto spesso ci siamo seduti sulla panca ormai logora che occupa lo spazio di due lunghe pareti dell'enorme stanza. Il legno è stato quasi lucidato dai numerosi fondoschiena che ci si sono appollaiati, nei lunghi anni della sua esistenza. I bordi, lisci e arrotondati, ne fanno una sorta di cuscino di legno. L'imponente camino dipinto di bianco occupa un terzo della stanza ed ora offre una cuccia calda anche agli educatissimi gatti, dopo aver offerto conforto e sicurezza ai contadini in tempi ormai lontani. I lunghi pali su cui venivano asciugati gli anelli di pane di segale sono ancora lì, vicini al soffitto, a ricordare le lunghe serate buie in cui i contadini della fattoria chiacchieravano ripercorrendo gli eventi della giornata, mentre le loro mogli parlavano di come avrebbero fatto il pane e la marmellata. Quel luogo racchiude in sé un'atmosfera unica fatta di isolamento, tradizione, orgoglio e natura.

Le stanze che sembrano avere per i finlandesi meno importanza nella cultura della casa sono sempre state le camere da letto e i bagni. Sono solo degli accessori, luoghi in cui si dorme e ci si lava, senza il bisogno di particolare comodità, luoghi che dovrebbero occupare il minor spazio possibile .

Le camere da letto sono solo .... dei luoghi per dormire. Un letto – singolo o matrimoniale – in genere occupa l'angolo meno importante, quello cioè che non può essere utilizzato in altro modo. Il letto o i letti sono spesso addossati a una parete. Per entrarci alla sera ci si deve sentire o agili e giovani, o vecchi e stanchi – dovendo passare sopra le gambe e i piedi dell' altro per raggiungere il proprio posto. O forse più semplicemente non si va a letto.

Mi ricordo di una casa che vedemmo anni dopo, quando a un certo punto sembrò che Juhani volesse mantenere la sua. La sua avventura a Fuengirola si era conclusa in un fiasco totale perché, dopo i prospettati piaceri di una vita al sole, era subentrata la delusione di trovarsi in una zona densamente popolata e piena di espatriati finlandesi.

Avevamo iniziato a cercare un'altra soluzione abitativa che ci consentisse di rimanere in Finlandia e di continuare a godere dell'aria pura e della bellezza del Paese. Un agente immobiliare del villaggio si era incaricato di mostrarci qualcosa che ci potesse piacere, viziati come eravamo dalla nostra casa così piacevole e comoda.

Un giorno ci condusse in auto in una località accanto a un lago (e dove altrimenti?!) i cui proprietari, una coppia di mezza età, ci fecero fare un giro della casa, descrivendo ogni dettaglio in perfetto inglese.

50

La casa non era grande, ma era molto ben curata. C'era una serie di costruzioni esterne che culminavano nel garage più incredibile che avessi mai visto. Appesi alle pareti c'erano tutti gli attrezzi possibili e immaginabili, oltre a un tavolo pieghevole destinato a spellare animali, alci in particolare, il giorno dopo la caccia. Era una specie di tavolo operatorio in stile campagnolo per vittime animali.

Il vialetto di accesso, che scendeva fino al lago con una leggera pendenza, era di una pulizia immacolata ed era addirittura fornito di riscaldamento sotterraneo in modo da rendere più facile la guida durante l'inverno. La casa aveva una grande sauna ed un balcone da cui si poteva ammirare la magnifica vista sul lago in pieno relax.

La cosa che mancava era il bagno. I proprietari avevano installato un gabinetto elettrico in garage, ma ci dissero che non poteva essere usato durante l'inverno,.

Quando chiedemmo alla padrona di casa come risolvevano il problema del richiamo della natura, ci rispose candidamente, "Beh, ce la caviamo. Siamo finlandesi." Intendeva dire che se la cavavano perché accettavano di buon grado di rimanere costipati per circa un anno, o che i finlandesi possono sopravvivere senza il bagno e gloriarsi di questo? Qualunque fosse la risposta, la conclusione è che questa simpatica coppia finlandese di mezza età, educata e gentile, non considerava il gabinetto in generale la stanza da bagno, un elemento essenziale della casa. Eravamo stupefatti.

Non posso fare a meno di pensare che in questo accettare le privazioni – quasi una scelta voluta – nel ventunesimo secolo, in un Paese che è diventato fra i più avanzati nello sviluppo tecnologico, ci debba essere una forte componente di autoglorificazione e di esibizionismo teatrale. I finlandesi amano dipingersi agli occhi del mondo come eterne vittime di condizioni atmosferiche terribili e di un passato agitato e difficile. In qualche modo sentono che solo così possono acquisire quel senso di appartenenza ad una nazione, unica nella sua capacità di affrontare le avversità della vita, e per questo diversa da tutte le altre. E' probabilmente un modo per trovare un'unità ed uno spirito nazionale che in Finlandia si è manifestato molto tardi.

Forse quella coppia voleva confermare proprio una convinzione ben radicata nei finlandesi: le difficoltà e la povertà del passato, i cui strascichi perdurano nel presente, sono tutti elementi intrinseci a questa orgogliosa nazione. Nazione che ancora oggi sta disperatamente cercando di trovare il proprio ruolo sulla scena mondiale, senza rendersi conto che in realtà i suoi progressi industriali e la sua immagine internazionale l'hanno già collocata in cima alla classifica.

Ma sto divagando. Tornando dunque alle case finlandesi, i bagni non esistevano. Soltanto in tempi recenti le riviste d'arredamento hanno cominciato a illustrare le stanze da bagno come luoghi con una loro precisa identità. Esistono ancora piccoli locali per la doccia – o cubicoli – dove la doccia è solo un getto d'acqua che inonda il pavimento e dove non ci sono ne' pareti, nè tendine. Nel farsi una doccia tutto viene bagnato (la porta , le pareti circostanti, il lavabo). Mi pare che in inglese abbiano il buffo nome – non molto fantasioso – di "wet rooms", (stanze bagnate) e lo sono davvero. Solo la lieve inclinazione del pavimento in direzione del foro di scarico, situato in mezzo al pavimento in piastrelle, consente il defluire dell'acqua e la fa scorrere via gentilmente

Il modo migliore per evitare l'umidità che si forma all'interno, e per uscire dal cubicolo senza lasciare dietro di sé una striscia di impronte bagnate è di asciugare il pavimento con uno straccio. Com'è piacevole fare una rilassante doccia calda alla fine di una giornata di lavoro, per poi ritrovarsi a dover passare lo straccio per terra prima di asciugarsi!

In sostanza, i bagni, come le camere da letto, non vengono percepiti come ambienti che necessitino di mobilio attraente e di *comfort*. Sono invece le saune e il lago a offrire meravigliose alternative.

Ritorniamo a quella simpatica coppia con la casa senza il gabinetto. La loro stanza da letto era al primo piano della casa fatta di tronchi, in una specie di soppalco fra il pianterreno e il punto più alto del tetto a mansarda, una sorta di sottotetto. A causa del tetto spiovente si poteva stare in piedi soltanto al centro della stanza. Spostarsi dal centro ai lati significava progressivamente chinarsi, poi inginocchiarsi e poi muoversi a carponi. La stanza era comoda e spaziosa. Il solo problema era arrivarci. Appoggiata alla balaustra del sottotetto, in mezzo al grande ambiente aperto del pianterreno, c'era una ripida scaletta di legno. Per andare a letto ci si doveva arrampicare su quella scaletta dall'aspetto precario. Onestamente, dopo una serata trascorsa con gli amici a bere qualche bicchiere, sprofondati nelle comode poltrone del salotto sottostante, non riuscivo a immaginare nulla di più pericoloso che andare a dormire lassopra.

Già mi immaginavo che Celia e io, raggiunta finalmente la camera da letto, improvvisamente ci ricordassimo che non avevamo spento la luce nella sauna, oppure che la carne, che Celia aveva scongelato   per la cena del giorno dopo, non era stata messa in frigorifero. Il solo pensiero di dover di nuovo andare su e giù per quella scaletta impossibile avrebbe avuto come conseguenza   bollette della luce carissime e cene intere buttate nella spazzatura.

La casa aveva però una sauna molto comoda e spaziosa, con una piccola anticamera dove ci si poteva sedere e rilassarsi fra una sessione di perspirazione e l'altra, sorseggiando allo stesso tempo un paio di birre. L'organizzazione degli ambienti della casa era semplicemente basata su priorità diverse da quelle a cui eravamo abituati noi.

La sauna, in effetti, è probabilmente la stanza più importante di una casa finlandese e merita certamente un capitolo a parte.

Tutte le finestre nelle case finlandesi hanno tripli vetri, una novità per noi. La nostra casa eduardiana in Inghilterra, vecchia di cento anni, ha infatti un vetro solo e molte fessure attorno agli infissi. Non è il posto più caldo del mondo anche nei relativamente tiepidi inverni inglesi, malgrado il buon impianto di riscaldamento centralizzato. Le finestre a un vetro però sono più facili da pulire – magra consolazione. In Finlandia in un giorno d'estate decidemmo di pulire le nostre finestre a tripli vetri. Era un'operazione che richiedeva particolare abilità. Una volta aperte le finestre, le due intelaiature interne si potevano staccare, e così ci trovammo davanti a tre vetri singoli da pulire. Completammo il lavoro, riuscendo anche a reinserire le due intelaiature interne ed a richiudere poi l'intera finestra.

L'inverno seguente, appena la temperatura si abbassò fino a raggiungere i 20 gradi sottozero, le finestre – soprattutto quelle della cucina, che sono enormi - congelarono fra un'intelaiatura e l'altra. Vedere attraverso le finestre divenne impossibile, il giardino e il lago ghiacciato erano solo una visione confusa. L'impercettibile quantità di umidità che era rimasta fra le intelaiature si era congelata. Da allora abbiamo appreso che lo spazio fra le intelaiature deve asciugarsi completamente prima di poter riunire i tre strati della finestra. Gli inverni finlandesi sono particolari. Le nostre finestre in Inghilterra, piene di spifferi, non avranno mai questo problema.

Nel corso degli anni abbiamo assistito a un'enorme trasformazione nella percezione che i finlandesi hanno della casa, dell'arredamento e del *design*. Riviste di ogni genere e per tutti i gusti hanno fatto la loro comparsa perfino sugli scaffali dei supermercati, mostrando tante possibilità di *interior design* e di arredamento, che le persone ora non solo hanno l'imbarazzo della scelta ma sono addirittura confuse. Nomi e idee che prima erano familiari solo a un'*élite* di privilegiati, sono ormai comunemente accettati ed entrati nel lessico comune. Ancora una volta il mondo sta diventando sempre più uguale, e le caratteristiche peculiari di ogni popolo stanno scomparendo sotto l'inarrestabile rullo compressore del *marketing* globale.

Auguriamoci che le foreste continuino ad avere l'influenza positiva e salutare che hanno sempre avuto sulla vita dei finlandesi. Lì non esistono alberi di Prada o rocce di Gucci, ma solo la secolare, sana, forte natura.

La sauna

==============

Una volta qualcuno mi raccontò che le truppe finlandesi, appena arrivate nel deserto africano per combattere a fianco degli alleati nella seconda guerra mondiale, montarono una tenda nell'accampamento militare per destinarla alla sauna. Non so se sia vero, ma il solo pensiero di una sauna sotto il cocente sole africano, sulla sabbia rovente del deserto, potrebbe apparire inconcepibile.

Il fatto è che per i finlandesi la sauna non è soltanto una stanza bollente, è un modo di pensare, quasi una religione, una cosa che anche noi, nel corso degli anni, abbiamo imparato a capire ed apprezzare. Le saune non sono uno svago. Sono una necessità e una tradizione, un modo per affermare e conservare le proprie radici, quelle di un popolo con un attaccamento speciale alla natura.

Come in Inghilterra a nessuno verrebbe mai in mente di chiedere se una nuova casa o un nuovo appartamento siano dotati di un gabinetto e di una stanza da bagno, così in Finlandia non è nemmeno pensabile che ve ne sia una senza. La sauna è sempre esistita, fin da quando i primi nuclei tribali hanno cominciato a vivere nel folto delle foreste.

La sauna è ora diffusa in molti paesi. Centri di benessere, impianti sportivi, piscine, palestre, alberghi, tutti hanno delle stanze per la sauna in piastrelle bianche, con panchine di foggia elaborata, illuminazione da *design* e riscaldamento elettrico, ma viene spesso confusa con il bagno turco e con il bagno di vapore. Ci si siede al caldo per dieci minuti, senza gettare neppure una goccia d'acqua sulle pietre bollenti, poi ci si rilassa in sale fornite di ogni comodità, con pareti piastrellate e luci fantasiose, ci si sente moderni, al passo con i tempi... ed anche esausti. Ecco un altro esempio di un passatempo introdotto con la forza in società che hanno l'ossessione dell'imitazione, dello *status symbol,* della fretta, e del disinteresse generale.

Tradizionalmente, le saune finlandesi erano minuscole capanne di legno poste in giardino o nel bosco, non troppo vicino alla casa ma, dove possibile, vicine ad uno specchio d'acqua. Erano piccole costruzioni dotate di una finestrella, di una stufa (*kivas*) e di un paio di panche di legno poste a livelli diversi. Sembra infatti che il modo corretto di costruire una sauna sia di posizionare una panca alla stessa altezza della parte superiore della stufa, in modo che i piedi siano allo stesso livello delle pietre calde, mentre un'altra panca, quella su cui ci si siede, viene posta circa cinquanta centimetri più in alto. Mi hanno detto che in questo modo la circolazione del sangue è al meglio e il corpo riceve la maggiore quantità possibile di calore dalla stufa. Naturalmente non ho modo né desiderio, confermare o smentire questa teoria. Tutte le saune che ho visto sono costruite con questo principio e quindi immagino che sia vero.

Attraversando in auto la campagna finlandese è normale imbattersi in capanne minuscole, quasi nascoste fra gli alberi. Qualche volta in leggera pendenza come piccole Torri di Pisa per via della loro età e del cedimento del terreno che nei millenni si e' ammorbidito o indurito a causa del brusco cambiamento delle temperature, si capisce che sono saune per via dei piccoli camini che s'innalzano dai tetti in lamiera. Intere generazioni si sono succedute in quelle capanne, a eliminare con il sudore la fatica e la polvere accumulate durante una giornata di lavoro nei campi di grano. Ora sono lì, piccoli monumenti alla tradizione, occasionalmente ancora usate per il loro scopo originario, ma più spesso invece trascurate e dimenticate. Sono state soppiantate da saune più moderne situate all'interno delle case: saune alimentate a elettricità, pratiche ma noiose. Anche qui la gente sta cominciando a lasciarsi trasportare dal desiderio della praticità e della comodità. E' una cosa deplorevole e triste , ma anche inevitabile.

Spesso le saune hanno un piccolo portico o un balcone dove è possibile sedersi e rinfrescarsi con una bibita, negli intervalli tra una seduta e l'altra accanto alla stufa. Sono sempre state luoghi per rilassarsi, depurarsi, conversare e pensare. Nella sauna, se è una vera sauna, non si ha mai fretta.

Nelle giornate di primavera o di estate è la finestrella a dare una debole luce, mentre negli altri periodi dell'anno la sauna è illuminata da una soffusa luce elettrica, tradizionalmente fioca, filtrata da una copertura in legno simile a una scatola dotata di una serie di alette in legno; una luce che dà un'atmosfera mistica alla stanza. L'aroma della legna che arde, gli spruzzi d'acqua sulle pietre bollenti, lo stimolo dato dall'aria calda spinta dal vapore che si dissolve rapidamente e, qualche volta, il profumo dell'essenza di *koivu* mescolata all'acqua, contribuiscono ad aumentarne l'aspetto purificante e misterioso. Il *koivu* è la betulla argentata, l'albero più diffuso in Finlandia insieme al pino. L'essenza estratta dal *koivu*, come quella dell'eucalipto e di altre piante aromatiche, viene aggiunta all'acqua e dà una strana sensazione di benessere. Le saune servono alla meditazione, alla conversazione, aiutano a prendere decisioni e, ovviamente, fanno sudare. All'interno di una sauna tutti sono nudi, uguali, senza distinzione di classe.

Molte decisioni importanti sono state prese in una sauna: decisioni politiche, di affari o di famiglia. I finlandesi invitano gli amici a trascorrere l'intera serata alla sauna, con aggiunta di birra e salsicce, proprio come noi inviteremmo gli amici a cena. Anche noi qualche volta lo facciamo. Celia parla con un'amica in soggiorno, sorseggiando un *gin and tonic* o un succo di frutta, e noi uomini, seduti nella sauna, ci scambiamo opinioni su come va il mondo, parliamo del nostro lavoro e allo stesso tempo sudiamo, mentre delle belle grasse salsicce cuociono in una padella sospesa con una catena sopra la stufa.

E dopo che i pori si sono aperti   grazie ad una temperatura più o meno di ottanta gradi (molti si vantano di poter sopportare temperature molto più alte, ma personalmente ritengo che ottanta gradi siano già assolutamente ragguardevoli - a temperature più alte si entrerebbe nel regno del masochismo), una doccia tiepida o un tuffo nel lago hanno un effetto rinfrescante, depurante e allo stesso tempo gradevole.

Confesso che la sauna mi piace. Mi piace d'estate, quando non c'è niente di meglio che una breve nuotata nell'acqua fresca del lago, per compensare il calore del corpo dopo una *seduta* accanto alla stufa. Mi piace anche d'inverno, quando molte volte mi sono rotolato nella neve profonda - col corpo ancora accaldato e bagnato di sudore - a temperature di meno venticinque o meno trenta, dimostrando a me stesso che alla mia età sono ancora in grado di commettere qualche follia e di possedere ancora quel desiderio di sfida alla morte, tipico dei giovani. La giustificazione ufficiale che dò a me stesso e agli altri per spiegare questo insano passatempo, è il piacere di quella sensazione di brivido data dal sangue che scorre veloce nel corpo ad un contrasto così stridente di temperatura. La verità non detta invece è probabilmente un mio desiderio teatrale di dimostrare una cosa di nessuna importanza, quale l'abilità di godere di sensazioni estreme e l'autocompiacimento all'idea di essere ancora giovane e forte. Qualunque sia la ragione, il senso di benessere che si prova dopo la sauna e dopo un tuffo nella neve è senza dubbio reale e bello.

Mi ricordo con piacere di quel 31 dicembre in cui Markku e Arja ci invitarono per un'ottima vodka ghiacciata. Avevamo stabilito che Marrku e io avremmo fatto una sauna prima di cena.

Quando arrivammo nella loro casa sul lago, verso le sei di sera, era già buio pesto. Del lago, in fondo al giardino, non si vedeva neppure la sponda. La casa, immersa nella neve, era calda e accogliente, ancora illuminata dalle luci del Natale appena passato. Dopo un primo bicchiere, Markku ed io andammo nella sauna che si trovava in una vecchia costruzione in giardino. Sul piccolo balcone prospiciente la stanza della sauna, dove brillava la luce delle candele, Markku aveva sistemato alcune bottiglie di birra, da bere nei momenti di riposo fra una seduta e l'altra. Ci sedemmo nella stanza semi-illuminata e piena di vapore a parlare di affari, di progetti futuri e di questioni di famiglia.

Facemmo un paio di pause per concederci una birra, seduti fuori sulla neve, dando ai nostri corpi il tempo necessario per rinfrescarsi prima di ritornare nella sauna. Dopo circa due ore - ed alcune birre - raggiungemmo le signore per un bicchiere di champagne e ci sedemmo a tavola, aspettando che giungesse l'ora di festeggiare il nuovo anno. Tutto si era svolto in modo molto civile. Mi sentivo pulito, soddisfatto, con la mente leggera. La vita, tutto sommato, è fatta di piaceri semplici, e la sauna è certamente uno di questi piaceri.

Anche i nostri nipoti hanno provato la sauna e ne sono rimasti entusiasti. Nonostante la loro giovane età, sembrano aver capito lo scopo e lo spirito della sauna finlandese. Hanno trascorso il tempo della sauna con me e con il padre a chiacchierare di varie cose. Sudando ed aprezzando l'improvviso aumento della temperatura dato dall'aggiunta d' acqua sulle pietre con un mestolo dal lungo manico, sorseggiando un gradito bicchiere di succo di frutta nell'intervallo fra le sedute , tuffandosi in fine nel lago per una nuotata, prima di gustare le belle salsicce cotte al calore della stufa.

Al giorno d'oggi le saune sono spesso elettriche, soprattutto negli appartamenti. Sono più igieniche e più veloci da preparare. Possono restare permanentemente accese e, appena ci si versa sopra dell'acqua, raggiungono la temperatura desiderata. Io continuo a preferire le vecchie saune a legna e il rituale che le accompagna: raccogliere la legna, riempire la stufa, accendere il fuoco, preparare l'acqua nel secchio di legno, aggiungere l'essenza di *koivu* all'acqua, aspettare che la sauna sia pronta per poi ricontrollare che la legna stia bruciando in modo corretto e che la temperatura stia aumentando progressivamente. La sauna non è solo l'atto di star seduti su una panca di legno ricoperti di sudore. E' una cerimonia completa che per qualche tempo consente di staccarsi dalle incombenze di tutti i giorni. Ridurla al mero aspetto meccanico di accendere un interruttore è come chiedere a un pittore di dipingere con un pennello, ma senza colori.

Mi dicono che il meglio in fatto di sauna sia la sauna *savu* (di fumo), seguita da un tuffo in un'apertura creata nel lago ghiacciato. Un giorno magari la proverò, dato che sono incuriosito da quella che mi viene descritta come la sauna "nera", cioè avvolta nella fuliggine da una spessa coltre di fumo. In quanto a saltare nel buco nell'acqua, non ne sono per nulla sicuro. L'idea di scomparire, nudo, sotto il ghiaccio e di non essere più ritrovato mi lascia fortemente dubbioso. Per non parlare poi dello shock che riceverebbero i miei stanchi e vecchi arti e della possibilità che un affamato signor luccio di lago faccia merenda con alcune preziose – e ormai congelate - parti del mio corpo. Come si dice in Finlandia, *ehka*, può darsi. Tutto quello che finora sono riuscito a fare è stato rompere il ghiaccio del lago vicino alla sponda, dove la profondità è di circa sessanta centimetri, e sedermi nell'acqua dopo la sauna. Una volta, quando il ghiaccio stava rapidamente riformandosi in superficie, pensai di romperlo con i piedi nudi prima di entrare in acqua. Quando rientrai a casa pregustando il piacere di un *drink*, Celia notò che avevo i piedi insanguinati. Il giaccio li aveva tagliati come un vetro acuminato e nell'acqua gelata non me n'ero accorto.

Anche la sauna può essere pericolosa.

Ne avemmo la prova una volta quando, dalla finestra della cucina, vedemmo uno stranissimo congegno che galleggiava e si muoveva lentamente sull'acqua, spinto dalle lievi onde del lago. Era una casetta di legno con una finestra e un camino di metallo; all'esterno aveva uno stretto camminamento con una bassa balaustra tutt'attorno. Era una sauna galleggiante con un piccolo motore nautico. Qualche fantasioso abitante del villaggio aveva deciso che sarebbe stato divertente fare la sauna godendo della bellezza del lago, un po' di pesca fra una seduta e l'altra ed un tuffo nel Paijanne per rinfrescarsi. Eccellente idea!

Purtroppo, però, un giorno, mentre questi geniali individui si stavano godendo la loro sudata e la loro birra, la sauna galleggiante decise di andare per i fatti suoi, finendo in balìa delle correnti del lago e avvicinandosi pericolosamente ad un piccolo cabinato diretto al porto del villaggio. Non ci fu nessuna collisione, ma la scia del cabinato la fece oscillare e si rovesciò; le pietre bollenti caddero dalla stufa sugli occupanti che, ustionati in modo serio, furono tratti in salvo e condotti in ospedale .

Dalla nostra finestra abbiamo visto altre volte passare la sauna galleggiante. Credo che i proprietari abbiano apportato delle modifiche per migliorarne l'equilibrio e magari anche installato delle cinture di sicurezza. I finlandesi vanno pazzi per la sauna.

Il villaggio
====================

Dopo aver disfatto i bagagli ed esserci sistemati nella nostra casa in Finlandia , la prima incombenza fu quella di andare al villaggio a fare la spesa. Il frigorifero era vuoto e il freezer ancora di più. Volevamo anche conoscere il villaggio, avendolo visto solo frettolosamente quando, un paio di mesi prima, eravamo venuti a vedere la casa ed a incontrare Juhani. Per noi era solo un nome sulla carta geografica, un nome tagliato a metà da quella che appariva come una linea curva che collegava Helsinki all'estremo nord.

Inverno Sul Lago

Una strada principale, due supermercati, quattro banche, un ufficio postale, un fioraio, il municipio, una serie di negozi che vendevano pellicole fotografiche, erbe medicinali, tessuti, orologi, gioielli e articoli elettrici. Nient'altro. Vedemmo il rinomato – o malfamato - bar *Tehi,* dove i clienti abituali, bevitori innocui ma dipendenti dall'alcol, stavano seduti sugli sgabelli con lo sguardo rivolto verso la finestra dall'ora di apertura a quella di chiusura. La chiesa, imponente con il suo alto campanile e il tetto in tegole di legno che aveva bisogno di un nuovo strato di *terva*, materiale colloso a base di catrame che dà ai tetti di legno un aspetto lucido e brillante, garantendo un perfetto isolamento dalla pioggia. Un'area di servizio con il suo bar. Tutto sommato, non era molto. Ah, dimenticavo, c'era anche una bellissima farmacia. Il grande numero di anziani fra le tremila anime che vivevano nella zona del villaggio, rendeva assolutamente indispensabile la presenza di una farmacia. Le due signore dietro al banco, nei loro camici bianchi immacolati, non facevano mai un vero sforzo per sorridere e mettere a loro agio i clienti. Sono lieto di poter dire che la farmacia esiste ancora e che le persone che ora la gestiscono sono estremamente gradevoli – e parlano anche un perfetto inglese. Mi sento un vero imperialista a dire questo, ma il fatto che parlino inglese è sicuramente utile!

Era luglio – periodo di vacanze – quindi c'era molto viavai nel villaggio, e i circa venti posti auto disponibili nell'unico parcheggio, situato davanti a un supermercato, erano occupati dalla gente del luogo e dai turisti. L'atmosfera del villaggio era di grande effervescenza.

Un'auto con targa inglese attirò la nostra attenzione. Il fatto di trovare un compatriota in un villaggio così minuscolo nel centro della Finlandia ci incuriosiva e, quando uscì dal negozio dirigendosi verso l'auto, lo fermai e gli chiesi da dove venisse, cosa che non mi sarei mai sognato di fare in Inghilterra. La cultura inglese non perdona simili errori di etichetta. In Inghilterra non ci si avvicinerebbe mai ad uno sconosciuto per domandargli senza preamboli la sua provenienza. Bisogna cominciare la conversazione con diplomazia, parlare del tempo e dei suoi capricci, passando in seguito ad argomenti di carattere pratico quali il funzionamento dell'auto, per poi arrivare alla domanda cruciale. La domanda viene sempre posta velocemente, distogliendo lo sguardo, quasi bisbigliando. "Viene da lontano?", sperando che la risposta soddisfi la propria curiosità.

Ma ci trovavamo in un piccolo villaggio finlandese e quello sconosciuto, improvvisamente apparso dal nulla, avrebbe potuto rovinare la felicità che ci derivava dall'aver trovato un'oasi di calma fuori dal mondo, reclamando la sua parte di quella bellezza che pensavamo appartenesse solo a noi.

Quel tale si rivelò essere originario del villaggio; abitava vicino a Londra e si trovava lì per le vacanze estive. Era una persona simpatica e quasi gli perdonammo di possedere una *Jaguar* con una targa a noi così familiare. Anche lui, in perfetto inglese, si informò su di noi, chiedendoci perché ci trovassimo in Finlandia. In effetti aveva sentito dire che una famiglia inglese aveva scelto il suo villaggio come *buen retiro* e la notizia lo aveva lasciato stupefatto. Durante la nostra breve conversazione, apprendemmo che suo figlio, in Inghilterra, abitava a poche centinaia di metri di distanza da noi e che lui stesso conosceva la nostra casa, per esserci spesso passato davanti andando dal figlio. La Finlandia è un paese grande e scarsamente popolato, mentre la Gran Bretagna conta più di sessanta milioni di abitanti. Il mondo sta forse diventando troppo piccolo?

Anni dopo, in Inghilterra, ero nell'ambulatorio del nostra cittadina e conversavo con il dottore dopo una breve visita medica. Naturalmente il discorso cadde sulla Finlandia e sul nostro amore per quel Paese. Lui accennò al fatto che fra i suoi pazienti c'erano dei finlandesi che si erano stabiliti in Inghilterra. Sì, avete già capito. I pazienti cui il dottore si riferiva erano il signore alla guida della *Jaguar* con targa inglese e la sua famiglia. Il dottore ed io facemmo una risata pensando alle strane coincidenze della vita.

Decidemmo che per ragioni pratiche sarebbe stato utile aprire un conto nella banca del villaggio. Dopotutto era nostra intenzione venire regolarmente in Finlandia negli anni futuri. In qualche modo volevamo sentirci integrati, parte del sistema. Così andammo alla *Postipankki*, la banca postale. Non c'è nessuna ragione particolare dietro questa scelta. *Postipankki* per noi era solo un nome. Per caso si trovava dallo stesso lato della strada che taglia in due il villaggio dove eravamo noi. In realtà, con lo scarso traffico avremmo potuto facilmente attraversare la strada e andare alla *Merita* (come ai tempi era chiamata l'attuale Nordea Bank). Le auto erano poche e viaggiavano a grande distanza l'una dall'altra. Prendemmo semplicemente la decisione più facile e comoda.

Dopo aver sbrigato alcune banali formalità e prodotto un numero davvero esiguo di documenti, lasciammo la *Postipankki* e ritornammo alla luce del sole di luglio con qualche centinaia di *Markka* sul nostro conto finlandese. Non ci volle più di un quarto d'ora e davvero non ricordo se ci fu nemmeno bisogno di mostrare i nostri passaporti. Così, velocemente e senza nessun problema, avevamo aperto il nostro conto in una banca finlandese.

L'ufficio postale ora non esiste più da tempo e la *Postipankki* è stata prima assorbita da un'importante compagnia assicurativa e poi divenuta una specie di club per anziani (e di anziani ve ne sono tanti nel villaggio). E' il risultato di una tendenza comune a molti Paesi, dove i piccoli uffici postali vengono eliminati in nome dell'ottimizzazione dei costi e del raggiungimento di *target* economici (quanto detesto questa frase!). Devo però dire che le due signore che stavano dietro allo sportello e si occupavano di pacchi, lettere, francobolli, conti bancari e danaro, non avevano mai l'aria felice. Credo, in effetti, che cercassero sempre di fare del loro meglio per far sentire le persone in imbarazzo nel prelevare soldi dal proprio conto.

Quell'epoca semplice e lontana e' purtroppo scomparsa ed ormai caduta nel dimenticatoio. Sono certo che oggi, perfino in questo Paese ancora ingenuo e fiducioso, l'effetto Bin Laden abbia avuto come conseguenza esami molto più rigorosi sulle credenziali da esibire per poter aprire un conto, e controlli molto più severi delle transazioni finanziarie. In Inghilterra, prima di poter fare qualsiasi operazione bancaria con una carta di credito, siamo abituati a dover rispondere a domande sul nome del cagnolino delle nostre nonne, sulla musica preferita dei nostri genitori, sul colore della biancheria intima del nostro vicino, o a dover mostrare le ricevute fiscali della tintoria. Forse nella vuota Finlandia non si è ancora giunti a questi estremi, ma sono certo che anche qui ora sia necessario più di un semplice quarto d'ora per aprire un nuovo conto in banca. Il problema è che nel nostro villaggio nessuno sembra avvalersi dei servizi di tintoria, e inoltre sarebbe impossibile per noi dare il nome del cagnolino della nonna, non esendocene mai stato alcuno.

Quando, un paio d'anni dopo, il proverbiale uccellino ci disse che la *Postipankki* stava per chiudere la filiale del villaggio, prendemmo la decisione cruciale di attraversare la strada e di trasferire il nostro conto alla *Merita*. Ancora una volta fummo favorevolmente colpiti dalle semplici formalità richieste per tale operazione.

L'ufficio postale scomparve senza traumi o patimenti da parte della popolazione locale, e i suoi servizi vennero assorbiti da uno dei due supermercati. Al colore giallo e grigio dell'ufficio postale venne dedicato un angolo, e per consentire lo smaltimento di lettere, pacchi e pensioni venne installato un sistema informatico. Quando si aveva bisogno di ritirare un pacco o di mandare una lettera raccomandata, si doveva solo aspettare pazientemente allo sportello. Uno dei commessi, dopo aver finito di sistemare i prodotti sugli scaffali o di avere fatto cassa, sarebbe poi arrivato per servire il cliente. Nessun problema. Bastava solo munirsi di pazienza e qualcuno prima o poi si sarebbe occupato di noi. Che cosa sono cinque minuti nell'arco di una vita? Scaduta la concessione, i servizi offerti dall'ufficio postale sono stati trasferiti dal supermercato ad un negozio a conduzione familiare, situato sul lato opposto della strada. Il sistema è sempre lo stesso e i servizi postali si mischiano con la vendita di bibite, il noleggio di video e la vidimazione dei biglietti della lotteria. Sembra che funzioni.

Era una calda giornata di luglio; il periodo delle vacanze. La popolazione del villaggio in questo periodo triplica grazie all'afflusso di turisti che trascorrono l'estate nei loro *cottage* estivi, in prossimità degli innumerevoli laghi della zona. Alcune auto erano parcheggiate accanto ai due supermercati. Nell'aria aleggiava una tranquillità sonnolenta.

Si aveva l'impressione che il villaggio fosse stato creato da un architetto dell'epoca socialista, senza alcun riguardo per il *design,* l'estetica o l'originalità progettuale, nel mezzo della bella campagna benedetta dal lago Paijanne e dalla miriade di altri laghi che lo circondano.

Edifici somiglianti a scatole, tipici degli anni cinquanta, costeggiavano i lati della strada principale. Costruzioni in cemento, quadrate e senza forma, identiche a quelle che si trovano nei numerosi paesi dell'Europa dell'est che, in varia misura, hanno risentito dell'influenza socialistica dell'ex Unione Sovietica. Abbiamo visto tanti posti fra Helsinki e Jyvaskyla e tutti sono vittime di quegli antiestetici piani urbanistici, tipici di 50 anni fa, concepiti male, senza armonia e forma, nel totale disprezzo delle tradizioni culturali.

Il nostro villaggio ne era un tipico esempio. Solo una schiera di brutti edifici grigi senza personalità. Non ho nulla contro l'architettura moderna che, con alcune sue espressioni sicuramente degne di lode, è presente in quasi tutti gli angoli della terra, Finlandia compresa. Dopotutto la Finlandia è la patria di alcuni fra i più conosciuti architetti e *designers*. Ma gli anni cinquanta e sessanta, ancora cosi' a ridosso della seconda Guerra mondiale e dietro la spinta verso una disperata ricerca di una ricostruzione sociale dopo le tristi sofferenze, dovrebbero essere condannati all'oblio e mai perdonati per simili mostruosità architettoniche, ancora purtroppo esistenti.

In quanto al nostro villaggio, a poche centinaia di metri di distanza dal brutto e anonimo *keskusta* (centro) si trova l'antico, e bellissimo, insediamento originario, con le sue case di legno in colori pastello, strette quasi in un abbraccio per mantenere e darsi calore. E solo una strada che lo taglia in due, con il Paijanne a est e il South Lake a ovest (la cosa ha un senso, credetemi). La vecchia scuola, la vecchia farmacia e il vecchio forlno per il pane sono ancora in piedi, sebbene siano disabitati. Si ha l'impressione che il villaggio stia ancora implorando di essere perdonato per aver costruito quegli orrendi condomini a così breve distanza.

Nel villaggio vero e proprio entrammo in un supermercato e l'atmosfera era quella abituale. Verdura all'entrata, poi il banco della carne, e così via. Il mondo è diventato dappertutto uguale, con una grande differenza però: il nostro supermercato non era affollato, non c'era musica, ma solo una grande pace.

Ci dissero che la popolazione era di circa tremila anime – in inverno. Ma ci rendemmo presto conto che quando le persone parlano del villaggio si riferiscono al distretto, al comune, all'intera zona che fa parte dell'amministrazione del villaggio. La concezione di spazio qui è diversa da quella della maggior parte dei Paesi europei. Il che significa che se un "villaggio" è costituito da tremila abitanti, solo cinquecento o seicento di essi vivono nel villaggio vero e proprio. Gli altri sono disseminati in una vasta zona di foreste e boschi, in piccole comunità, ognuna delle quali cerca di mantenere la propria identità, il suo sindaco, uomo o donna; in tempi lontani questa figura era il capotribù, la persona più forte o quella più ricca della comunità. Ogni comunità celebra le proprie feste ed ha le proprie tradizioni. In realtà quello che noi chiamiamo "villaggio" viene definito "città" dai locali, mentre i singoli villaggi sono per loro i vari borghi che compongono il distretto

Questo concetto rispecchia la fisionomia delle comunità primitive dei cacciatori – raccoglitori, che per prime abitarono le foreste e crearono una società organizzata secondo proprie regole, venendo occasionalmente a contatto con le comunità confinanti e spesso entrando in guerra con loro per il possesso della terra e degli animali. Le Leggi, imposte da governanti che vivevano in grandi città lontane e non capivano la vita nelle foreste, erano un qualcosa da ignorare e non da rispettare.

Ai nostri giorni le Leggi sono conosciute e accettate e l'amministrazione del villaggio è nelle mani di rappresentanti, eletti dai cittadini, che risiedono in città; malgrado questo, le tradizioni e i rituali dei singoli villaggi o tribù sono religiosamente conservati, quasi fossero un'ancora di salvezza e di conforto.

Nei mesi estivi e nelle sporadiche feste nazionali che hanno luogo durante l'inverno, la popolazione locale triplica, almeno così ci hanno detto, e vediamo volti nuovi ed auto diverse e, nei supermercati, diversi prodotti. I turisti che vengono da Helsinki e dal sud della Finlandia, con il loro modo di fare frettoloso e pieno di pretese, tipico di chi vive in città, sembrano voler dettare legge. Per fortuna non ci mettono molto ad adeguarsi allo stile di vita della campagna finlandese, fatto di abbigliamento *casual,* di lentezza, di gentilezza e pazienza. Ma purtroppo non appena sono riusciti ad abbandonare le loro frenetiche abitudini, la vacanza è già finita, e con il ritorno nelle loro città restituiscono il villaggio alla sua vera comunità, con buona pace di tutti.

Il nostro villaggio – per qualche motivo non riesco a convincermi a chiamarlo città – ha un bel porto che una volta serviva per il movimento delle merci di una vivace cartiera. La fabbrica, ormai in disuso, è sempre lì, con i suoi begli edifici di mattoni e la sua alta ciminiera. Si potrebbe trasformarla in museo, come si è fatto con altre ex-fabbriche finlandesi, o in un centro ricreativo, conservando la sua bella struttura vittoriana di fine ottocento e ridando vita al villaggio. Magari un giorno questo accadrà, ammesso che l'amministrazione locale, riunita in una delle sue noiose sedute, riesca a trovare un po' di vivacità e un po' di denaro. Io ci spero.

Alcuni anni fa, finalmente, Alko decise di aprire un negozio nel villaggio. Alko è l'azienda statale che ha il monopolio della vendita degli alcolici, traendone enormi guadagni. La Finlandia è un paese di forti bevitori. Le lunghe giornate invernali, quando sul terreno c'è una spessa coltre di neve e la luce è un bene di lusso di breve durata, inducono la gente a bere. Le luminose e interminabili giornate estive, nelle quali il sole splende ancora a mezzanotte e l'acqua del lago è di un meraviglioso blu cristallino, spingono la gente a bere. Le festività del calendario finlandese, – che sia *Vappu* (il primo maggio, la festa dei lavoratori e degli studenti),o il *Juhannus Day* (il 24 giugno, l'importante festa di mezz'estate), inducono la gente a bere... Mi sono spesso chiesto quanto fosse accurato il manuale turistico che acquistammo andando a Helsinki per la prima volta, in cui si diceva che la bevanda nazionale finlandese è il caffè. Senza dubbio di caffè se ne beve molto, accompagnato da biscotti e da fette di torta, ma si consumano anche grandi quantità di birra, *vina*, vodka e vino.

All'inizio il nostro villaggio non aveva ancora un negozio *Alko,* ed eravamo quindi obbligati a comprare bevande alcoliche in un paio di bar del villaggio (che si ostinano ancor oggi a vendere alcol ad individui, anche quando questi sono evidentemente abbondamtemente inebriati) o ad andare nella cittadina più vicina con un negozio *Alko*. Lo facemmo svariate volte, accorgendoci improvvisamente che la bottiglia di whisky - che usavamo, ovviamente, soltanto per scopi medicinali – stava malauguratamente per finire.

Poi, tutto d'un tratto, accanto a una stazione di servizio dotata di un grande parcheggio, apparve *Alko*. Ha assicurato delle entrate al villaggio e ha causato un aumento della spesa nella popolazione locale. Mi hanno detto che l'*Alko* del nostro villaggio è diventato il punto vendita più importante dell'azienda dopo quello di Helsinki. Può darsi che anche noi, nel nostro piccolo, abbiamo contribuito alla sua crescita, ma in ogni caso questo fatto la dice lunga sulla vita del villaggio.

La lingua

Una volta avuta la certezza che, almeno per i tre anni successivi, avremmo trascorso parte del nostro tempo in Finlandia, comprammo da *Foyle's* un paio di libri di grammatica finlandese per principianti. Con grande diligenza ci dedicammo ad apprendere alcune espressioni e verbi fondamentali. Dopotutto avevamo vissuto a lungo all'estero e avevamo anche viaggiato parecchio, senza mai incontrare nessun vero problema a padroneggiare una lingua o perlomeno a farci capire dagli abitanti del luogo.

Di solito studiavamo i nostri libri di grammatica a letto prima di dormire: era la nostra lettura per conciliare il sonno. Durante il giorno avevamo la mente occupata da altre cose.

Pessima idea. Trovammo gia' grande difficoltà ad andare oltre le prime pagine, che descrivevano la pronuncia della lettera "a" con tutti i suoi suoni diversi ("a" come nella parola "apple", " a" come nella parola "mad," "a "come nella parola "bus").

Un attimo dopo dormivamo già, senza neppure fare lo sforzo di sognare in finlandese. Probabilmente questo era dovuto al fatto che i nostri cervelli, non più giovanissimi, erano meno disposti ad assorbire suoni nuovi e parole nuove. Ma la spiegazione potrebbe essere molto più semplice: la lingua finlandese è veramente molto difficile.

Anche se a prima vista può sembrare una lingua semplice, con la sua mancanza dei generi, dei pronomi, di una sintassi elaborata, eccetera, di fatto conserva alcuni aspetti fondamentali della grammatica latina, come per esempio le declinazioni e le costruzioni sintattiche. Ma, malgrado questo, non assomiglia a nessun'altra lingua parlata nel mondo occidentale.

Anni fa, per motivi di lavoro, trascorsi lunghi periodi in Ungheria, e ricordo che qualcuno mi disse che l'ungherese e il finlandese sono lingue gemelle, con grandi somiglianze. Forse sarà stato così quando le persone conversavano utilizzando il linguaggio dei segni, ma ora invece queste due lingue non potrebbero essere più diverse fra loro.

Il finlandese si puo' a mio avviso definire la lingua cinese europea –
o la lingua tailandese europea. Proviene sicuramente dall'est, dalla
regione degli Urali, dalla quale la popolazione finlandese emigrò verso
ovest. Era il tempo in cui gli ungheresi e i finlandesi marciavano
insieme attraverso le sconfinate pianure della Russia per dirigersi verso
il cuore dell'Europa. I finlandesi amano pensare che a un importante
crocevia in una zona imprecisata – probabilmente in Ucraina – si
imbatterono in un cartello con la parola "Finlandia" che indicava il
nord, e fu solo la popolazione in grado di leggere che arrivò quindi in
questo paese. E' un aneddoto che ha sempre strappato un sorriso amaro
agli ungheresi.

La verità vera è che la lingua finlandese in quanto tale non esisteva
e continuò a non esistere fino alla metà dell'ottocento, quando uno
studioso di nome J.V. Snellman, filosofo e sociologo dell'Accademia di
Turku, fondò il suo giornale, il *Saima*, in finlandese. Snellman dedicò
tutta la sua vita a dare a questo Paese una lingua unificata, ben conscio
che, senza un idioma comune, la Finlandia avrebbe continuato a essere
uno stato, ma non sarebbe mai divenuta una nazione. Era infatti
assolutamente convinto che una nazione non possa esistere senza la
presenza di una lingua nazionale.

La maggior parte della popolazione viveva in piccole comunità
isolate, disseminate in una vasta terra di laghi e di foreste. Le persone
non avevano nessun contatto con il piccolo nucleo di intellettuali –
perlopiù monaci – che tentavano di amministrare il paese da Turku, da
Porvoo o, più tardi, da Helsinki e che usavano il latino o il tedesco o
lo svedese come lingue ufficiali. Le comunità tribali non avevano né i
mezzi, né il desiderio di identificarsi con le élite cittadine che non
comprendevano i loro dialetti o il loro modo di vivere.

Fu un altro intellettuale di nome Elias Lonnrot a pubblicare, più o
meno nello stesso periodo in cui Snellman fondava il primo giornale in
finlandese, la prima edizione del *Kalevala* e del *Kantetelar*, entrambi
considerati le saghe epiche finlandesi. Lonnrot utilizzò le scoperte di
Zacharia Topelius il Vecchio e raccolse una quantità considerevole di
poesie e di canzoni folkloristiche della Carelia, terra così radicata e così
importante dal punto di vista storico nella tradizione della Finlandia e
nel cuore dei suoi abitanti. La Carelia e la sua città più importante,
Viipuri, dovettero essere cedute all'Unione Sovietica dopo la Guerra
d'Inverno, e questo è ancora oggi una ferita aperta per ogni finlandese.

Sicuramente i misteriosi e a volte spaventosi racconti del *Kalevala* e *Kantetelar* costituiscono il primo esempio di letteratura finlandese. Con la loro pubblicazione, Lonnrot posò la prima pietra sul cammino verso l'identità nazionale di cui i finlandesi avevano fortemente bisogno.

La lingua moderna è ancora giovane – ha meno di duecento anni – e sta muovendo i primi passi verso un'unità espressiva fra le migliaia di dialetti che vengono ancora usati nel paese. Il risultato è che quando, dopo tanta fatica e una buona dose di lettura serale, alla fine padroneggiamo una frase e la utilizziamo con orgoglio dopo averla memorizzata, ci viene detto che in realtà nella conversazione non viene usata in quel modo. Di solito, con grande delusione e divertimento da parte nostra, ci viene fornita una varietà di espressioni alternative che sembrano e suonano completamente diverse da quelle che abbiamo imparato.

Anche il nostro villaggio naturalmente possiede il suo dialetto, e ci siamo spesso accorti che la nuova lingua ufficiale scritta o perfino i *dépliant* illustrativi di qualche prodotto, non sono interamente comprensibili neppure per i locali.

Per circa seicento anni la Finlandia fu sottomessa alla dominazione svedese. Era una provincia del regno di Svezia che ne sfruttava le risorse naturali e la usava come terreno di caccia per l'aristocrazia. Lo svedese era la lingua ufficiale dei centri di cultura, soprattutto di Turku e delle città costiere sud-occidentali, ma non venne mai accettata dalla popolazione, né mai appresa. Era la lingua degli invasori e dei dominatori, di persone che non capivano la vita e i costumi delle comunità sparse nel Paese.

Quando la Finlandia, nel 1809, venne offerta dalla Svezia allo zar Alessandro, proprio come si offre un piatto di biscotti, il Paese divenne parte dell'impero russo e i nuovi padroni tentarono di imporre il russo come lingua ufficiale senza prendere in considerazione, ancora una volta, che alla gente che viveva nelle foreste non importava nulla del russo, non avendo né la necessità, né la volontà di parlarlo. Le élite russe in ogni caso parlavano francese e lo zar non aveva alcun interesse a "colonizzare" la Finlandia, o a spendere il suo denaro per educare i finlandesi ai modi russi. Era solo interessato alla caccia e ad avvalersi di uno o due porti del golfo di Finlandia dove, con la sua famiglia, poteva fare scalo nei suoi viaggi da Pietroburgo in direzione dei porti europei.

Lo svedese ancora oggi viene studiato a scuola come "seconda madrelingua", sebbene un numero sempre crescente di studenti lo abbandoni dopo qualche anno. Le persone della nuova generazione che parlano bene lo svedese sono in diminuzione, mentre è in continuo aumento il numero di quelle che non amano affatto parlarlo. In quanto al russo (era materia obbligatoria nelle scuole fino alla seconda guerra mondiale), un'intera generazione di finlandesi in effetti l'ha imparato, ma si è categoricamente rifiutata di parlarlo. I giovani finlandesi che oggi parlano russo sono davvero pochi.

Il finlandese naturalmente è la lingua nazionale, ma è una lingua ai suoi esordi. Stupisce, per esempio, il fatto che, nonostante gli sforzi fatti da Snellman e da Lonnrot cent'anni prima, ancora alla metà del secolo scorso troviamo il generale Mannerheim – eroe di guerra e presidente della Finlandia – che parla lo svedese o il francese con i suoi soldati durante la Guerra d'Inverno, poiché la sua conoscenza del finlandese è ancora molto limitata.

In conclusione, il nostro primo incontro con la lingua parlata fu, per usare un eufemismo, assai deprimente.

E' una lingua composta da parole di lunghezza impossibile, spesso con un inimmaginabile numero di consonanti e di doppie che con gli anni ci sono divenute lievemente più familiari, nonostante il nostro vocabolario sia ancora molto limitato e la nostra conoscenza della grammatica scarsa. Ma è una lingua che ci affascina e facciamo salti di gioia ogni qualvolta riusciamo a mettere insieme una frase, o a cogliere il senso di quello che ci viene detto. E' gratificante vedere il genuino apprezzamento sui volti delle persone quando ci esprimiamo in finlandese. "Sbalorditivo", ci disse un'amica quando lei e il marito ci elencarono il prezzo di alcuni materiali da costruzione (in inglese) e noi ripetemmo le cifre in finlandese, a quanto pare addirittura con un accento accettabile.

Dopo un buon numero di anni, abbiamo cominciato a capire il modo di costruire le parole per dare loro un significato, combinando insieme vari termini. Aggiungendo i famosi suffissi si formano vocaboli che indicano direzione e possesso. Anche qui, comunque, molto è affidato all'inventiva personale, e spesso la radice della parola viene modificata senza nessuna apparente ragione prima di aggiungere il suffisso. Si ha l'impressione che le eccezioni siano quasi più frequenti delle regole, e lo sgomento e la costernazione di noi poveri e attempati studenti sono totali.

Per nostra fortuna, l'inglese è diventato la seconda lingua del paese: un buon settanta per cento delle persone che abbiamo incontrato lo parla. Questo ci ha facilitato la vita da tutti i punti di vista. I finlandesi hanno un'incredibile padronanza dell'inglese ed un'abilità stupefacente nel capire e apprezzare il nostro senso dell'umorismo. L'invasione di programmi televisivi inglesi, di cui i finlandesi colgono sia il vocabolario sia il significato, ha portato al raggiungimento di un livello di conoscenza dell'inglese davvero incredibile.

Mi ricordo che una sera Paula e Tuomo ci avevano invitati per una serata a base di caffè e dolci nella loro casa nella foresta. La conversazione si svolgeva in inglese e spaziava su una vasta gamma di argomenti, politica esclusa, essendo questo un tema che non entusiasma per nulla i finlandesi. Non ricordo più a quale proposito, ma Celia a un certo punto usò l'espressione " hanky panky" ("fare una sveltina"), ed inevitabilmente fummo obbligati a spiegare il significato umoristico e piccante di questa espressione. In qualsiasi lingua, le spiegazioni smorzano l'impatto della frase, privandola della sua connotazione drammatica o umoristica, e quindi cambiammo subito argomento. Quando giunse l'ora di accommiatarci, ringraziammo gli amici per la bella serata e scherzosamente dicemmo che non volevamo trattenerci oltre per non abusare della loro ospitalità. Tuomo, con la sua abituale faccia seria, disse, "Beh, penso che in effetti sia arrivata l'ora di una sveltina".

Quando, invece, si vuole cercare di essere formali e perfetti, qualche volta le cose "si perdono nella traduzione", come quando comprammo un apparecchio elettrico e ne leggemmo il *dépliant* illustrativo. Il testo era scritto in numerose lingue, compreso l'inglese. Il traduttore – o la traduttrice erano forse leggermente inebriati dall'alcol quando, alla fine del testo, avevano aggiunto qualche parola per avvertire del potenziale pericolo dell'apparecchio: "Attenti ai bambini!" Che Dio benedica il traduttore e che i bambini lo perdonino!

Poco tempo fa la mia auto ebbe un piccolo problema. (Si spera sempre che i problemi della propria auto siano, appunto, solo piccoli problemi e che si possa continuare tranquillamente a guidare, di solito con la convinzione che il problema si risolverà da solo). Presi un appuntamento con Seppo. Seppo è uno dei due meccanici del villaggio. L'altro è Heikki. Le loro officine si trovano una di fronte all'altra, lungo una strada che conduce fuori dal villaggio in direzione nord. Sembra quasi che si siano spartiti competenze e attrezzature, e fra tutt'e due sono in grado di soddisfare le necessità degli automobilisti locali. Seppo è un meccanico che si sporca le mani, è attrezzato per riverniciare e rifare la carrozzeria, ha un'officina piena di attrezzi di ogni tipo e parti d'auto, una grande inventiva e una notevole capacità di risolvere i problemi in modo pratico. Heikki ha un'officina immacolata, l'attrezzatura per cambiare le gomme e un negozietto che vende accessori e pezzi di ricambio. Indossa perfino guanti di plastica quando lavora. Sono entrambi simpatici e collaborativi e non danno l'impressione di essere in competizione l'uno con l'altro, ma piuttosto di completarsi a vicenda.

Portai l'auto da Seppo, il quale stabilì che ci sarebbe voluta mezz'ora per ripararla. Mi diede quindi un appuntamento per le nove del mattino seguente.

Avendo imparato dai finlandesi l'importanza della puntualità, arrivai all'officina in perfetto orario. La porta era ancora chiusa e il furgone di Seppo non c'era. Aspettai, pensando che sarebbe apparso di lì a poco. Cinque minuti dopo pensai che il suo ritardo non fosse normale per un finlandese e lo chiamai al suo telefono cellulare. Mi rispose profondendosi in scuse per il ritardo, dicendomi che sarebbe arrivato a breve. "Mi dispiace, sto mangiando mio figlio", aggiunse. Sapevo che era da poco diventato padre di un bambino, e sorrisi fra me e me, immaginando Seppo, papà devoto, che si cibava di una gamba del povero neonato. La verità era che Seppo stava dando il *biberon* a suo figlio, un'immagine meravigliosa, divertente e piena di colore, in qualche modo distorta dalla traduzione. Magari potessimo fare anche noi gli stessi errori in finlandese, ma la nostra conoscenza della lingua purtroppo è troppo povera perfino per causare ilarità in chi ci ascolta.

Apprezziamo davvero il fatto che in Finlandia possiamo fare qualsiasi cosa servendoci dell'inglese. Questo è un Paese in cui gli estratti conto della banca sono stampati in inglese se il cliente è di lingua inglese, in cui le bollette del telefono sono emesse in inglese se l'utente è di lingua inglese, in cui tutti gli uffici pubblici hanno delle linee di assistenza telefonica in inglese. Perfino alle bancarelle del mercato, quando compriamo patate novelle e cavolfiori, ci parlano in inglese, dopo che i nostri sforzi per esprimerci in finlandese si sono conclusi in una comica.

La conoscenza dell'inglese è anche una prova della determinazione dei finlandesi di sentirsi finalmente parte del mondo occidentale, dopo anni di contese fra l'est e l'ovest, in cui hanno sentito la mancanza di una precisa identità. La difficile opera di equilibrio condotta dal famoso presidente Kekkonen, noto per l'adozione di una linea dura che consistette nel voltare le spalle alla Russia senza però avvicinarsi all'ovest (politica simbolizzata dalla sua famosa espressione "se ci inchiniamo all'ovest offriamo il posteriore all'est") è ormai lontana. La Finlandia si è unita all'Europa e, come è sua abitudine, l'ha fatto seriamente e totalmente. La lingua finlandese, parlata soltanto dai finlandesi, limiterebbe seriamente lo sviluppo dell'immagine internazionale della Nazione. Pragmaticamente e realisticamente, la Finlandia sta fornendo alle sue nuove generazioni l'opportunità di sentirsi parte del mondo pur con i piedi solidamente ancorati al terreno, terreno di foreste e di tradizioni. E' un compromesso buono e sicuro che farebbe felici anche Lonnrot e Snellman.

Shopping

Ancor prima di andare in uno dei supermercati del villaggio, decidemmo di far una visita all'unico negozio di articoli elettrici. Sembrava che avesse di tutto, dai televisori alle lampadine, dalle lavastoviglie ai ventilatori ai climatizzatori. Vendeva anche barche, belle barche in fibra di vetro verde con o senza motore, perfino biciclette.

Eravamo arrivati alla conclusione che avevamo bisogno di un bollitore elettrico per il nostro tè e caffè del mattino. Il caffè in Finlandia si prepara sempre in una caffettiera a filtro e si serve in tazzine, con un grazioso tovagliolino di carta inserito nel manico e con un cucchiaino che serve a mescolare lo zucchero o il latte, ma anche a mangiare i dolci che immancabilmente lo accompagnano. Nessun finlandese si sognerebbe mai di bere il caffè da solo. A qualunque ora del giorno, il caffè viene sempre servito con biscotti , con un "pula" (una specie di panino dolce e rotondo) o con una fetta di torta, quando e' servito in modo più formale, nel pomeriggio se si hanno ospiti. E non lo si beve mai in piedi, ma concedendosi sempre un po' di tempo per una breve pausa e un po' di relax, stando seduti su una sedia o su uno sgabello o anche semplicemente sui gradini dell'ingresso di casa.

Come già accennato, prima di partire per Helsinki avevo letto in una guida turistica della Finlandia che il caffè viene considerato bevanda nazionale. O per meglio dire, bevanda analcolica nazionale.

Se parliamo di alcolici, in cima alla lista sono vodka, "vina" e birra In passato abbiamo vissuto molti anni in Italia, dove il caffè si prepara nella tradizionale caffettiera napoletana, ma solo dopo averla usata un certo numero di volte e dopo aver religiosamente gettato via il suo contenuto fino a che il sapore dell'acciaio non scompaia e non alteri l'aroma del caffè. Comunque, dopo anni di assenza dall'Italia, abbiamo preso l'abitudine più pratica di bere caffè solubile che consente una preparazione più veloce e meno stoviglie da lavare, In tutta sincerità il gusto è buono, almeno per il nostro palato che è meno sofisticato di quello che gli italiani sostengono di avere.

Anche alcuni nostri amici finlandesi, dopo lievi indecisioni, hanno adottato il caffè solubile e adesso sembrano considerarlo un'ottima innovazione rispetto all'antica tradizione. Qualcuno si è perfino spinto a dichiarare che il caffè solubile è davvero buono. Evitano però l'argomento davanti ai compatrioti della vecchia generazione, i quali sostengono, senza se e senza ma, che questo imbastardimento del "vero" caffè non è degno di essere bevuto. Lentamente le vecchie abitudini si stanno modificando perfino in un Paese così saldamente attaccato alle tradizioni. I barattoli di Nescafé campeggiano ora in tutti i supermercati.

Dunque arrivammo alla conclusione che avevamo bisogno di un bollitore elettrico.

Nel negozio un'anziana signora era intenta a parlare con un'assistente giovane e carina che poi risultò essere la proprietaria del negozio e che in seguito divenne, insieme al marito, nostra amica.

Era evidente che l'anziana signora necessitava di una lampadina - di questo eravamo certi, anche se la nostra conoscenza della lingua era ancora inesistente. Teneva in mano la lampadina esaminandola contro la vetrina e guardandola in controluce, e ci sembrava che stesse facendo domande sulla forma, sulla solidità del vetro e sulla potenza del filamento.

Posò più volte la lampadina sul bancone e ne esaminò altre chiedendo probabilmente le stesse informazioni, sempre con la stessa precisione e meticolosità. Irja, la proprietaria del negozio, forniva all'anziana cliente tutte le spiegazioni che le venivano richieste, senza mostrare alcun disagio o alcun segno d'impazienza alla vista di altri clienti che erano entrati nel negozio. Ci vollero circa quindici minuti perché l'anziana signora acquistasse la sua lampadina e uscisse dal negozio, soddisfatta e sicura di aver fatto la scelta giusta. Solo dopo Irja si dedicò a noi.

Fu il nostro primo incontro con la filosofia finlandese nei confronti degli acquisti.

L'anziana signora probabilmente viveva da sola in un piccolo cottage in una foresta, circondata da bacche, abeti, lepri, alci e magari anche da orsi. Probabilmente non aveva occasione di vedere i suoi vicini per intere settimane, specialmente nelle lunghe giornate e nelle scure notti invernali. Il volto gioviale di Irja le era servito per fare quattro chiacchiere e per sentirsi rassicurata di non essere sola. Forse la lampadina era solo una scusa. O probabilmente quella signora era semplicemente un tipico esempio di quanto sia difficile per i finlandesi decidere da soli che cosa acquistare, cosa per loro sempre problematica.

In un paese vuoto, dove i cottages e le case sono così distanti e disseminati nelle foreste, il contatto giornaliero con altri esseri umani non è così frequente, e la sensazione interiore d'insicurezza o in generale il timore di dover prendere delle decisioni si riflettono nella cultura degli acquisti.

Il vecchio detto " la sicurezza sta nell'essere in compagnia " si dimostra vero in Finlandia. Le persone sono così poche e così lontane fra loro che è inevitabile che si sentano incerte e insicure ad agire se qualcuno non le rassicura che i loro modi sono quelli giusti. Acquistare un oggetto di qualsiasi natura rappresenta un dilemma che incute ansia, a meno che gli amici, i parenti , i vicini o perfino un commesso, non le convincano che quello è l'oggetto adatto a quel determinato scopo. E' l'eredità di un Paese giovane, ancora alla ricerca delle sue radici, dopo essere stato usato per secoli come campo da gioco da potenze straniere e dopo decenni di esitazione fra est e ovest. Non si deve mai prendere una decisione affrettata - o da soli.

Comunque sia, la signora lasciò il negozio da cliente soddisfatta, e da quel giorno abbiamo imparato che quando facciamo acquisti in Finlandia dobbiamo dimenticarci dell'impazienza e della fretta. Quando poi arriva il nostro turno sappiamo di poter contare sulla totale attenzione del commesso per tutto il tempo necessario, proprio come il cliente che ci ha preceduti e quello che verrà dopo di noi. Tutti quanti aspettano, senza brontolare, sbuffare o lamentarsi.

Anni dopo quella prima estate in Finlandia avemmo bisogno di una carriola. Quella gialla e rossa che Juhani ci aveva lasciato in giardino era ormai vecchia e arrugginita. Andammo in un grande negozio di ferramenta nella cittadina vicina e nel giro di qualche minuto uscimmo con una carriola di zinco nuova fiammante, con manici in alluminio verde scuro, e ovviamente una ruota.

Alcuni giorni dopo fummo invitati a cena da Pirkko e Eino, ottimi amici che naturalmente vivono in una graziosa casetta di legno rosso nella foresta. Accennai per caso, e con un certo orgoglio, al fatto che eravamo riusciti a comprare una nuova carriola, cavandocela da soli, sia pure con il nostro limitato vocabolario finlandese. Non dimenticherò mai l'espressione di delusione e totale sorpresa sui loro volti, all'idea che avevamo fatto questo acquisto senza consultare loro, né altri, prima di decidere.

Ci spiegarono che i finlandesi non farebbero mai un acquisto di questo genere senza prima chiedere ad almeno tre persone informazioni sulla qualità, sull'efficienza, la durata e il design dell'oggetto in questione. E quando la mia reazione fu: "Beh, dopotutto una carriola è solo una carriola, basta che abbia una ruota e due manici e va bene ", i nostri amici rimasero veramente perplessi. Pensarono che eravamo davvero un caso unico circa la rapidità nel prendere decisioni.

E qui torniamo all'aspetto della comunicazione con gli altri. Il problema non era che avessimo comprato una carriola da soli e per di più in tempi così brevi. La cosa incredibile era che non ne avessimo parlato con nessuno.

Potrei citare una quantità innumerevole di esempi di questa cultura degli acquisti, che pare sia un tratto tipico di tutti i finlandesi e si applica a tutti gli articoli possibili, siano essi complicati strumenti meccanici o semplici oggetti di uso quotidiano. Un episodio che mi viene in mente è successo di recente nello stesso negozio di ferramenta dove avevo osato comprare la carriola. (Sono più che certo che i commessi corrano a nascondersi ogni volta che mi vedono entrare.) Dovevo comprare dei chiodi e aspettavo che il commesso terminasse con un altro cliente il quale, da quel che capivo, voleva un metro a nastro suddiviso in centimetri. Uno di quegli aggeggi di metallo sottile, estensibile e con una sorta di gancio ad una delle estremità da fissare a un angolo o a un interstizio, e che, una volta presa la misura e si è pronti a fare un segno con la matita, scatta regolarmente indietro e si deve ricominciare tutto da capo.

Il cliente era in piedi vicino a un ripiano che conteneva una mezza dozzina di questi aggeggi e li esaminava attentamente uno per uno. Poi estraeva ogni nastro per una lunghezza più o meno di trenta centimetri e lo lasciava andare fino a farlo scattare indietro nel suo alloggiamento. Poi lo soppesava. Probabilmente ne valutava anche il colore. Poi estraeva di nuovo il nastro. Lo esaminava da ogni lato (anche se le linee e i numeri appaiono su un lato solo) e ogni volta chiedeva l'opinione del commesso, come se nastri diversi avessero centimetri di lunghezze diverse.

Alla fine il commesso si dedicò a me , mentre questo signore era ancora lì a esaminare tutti i nastri sul ripiano, e io comprai i miei chiodi. Non ho la più pallida idea di che cosa sia successo all'altro cliente, se abbia poi deciso che la soluzione più prudente fosse di utilizzare la mano e il pollice per misurare quello che doveva misurare. Forse avrà avuto degli incubi, in cui gli apparivano metri a nastro che mostrano, come succede anche qui in Finlandia, sia i centimetri sia i pollici. Questa doppia opzione deve averlo precipitato in un enorme dilemma e magari avrà avuto un crollo nervoso. Io comunque non l'ho mai più rivisto.

Ormai conosciamo il sistema anche troppo bene. Quando entriamo in un negozio e ci troviamo dietro ad un altro cliente, sappiamo che non ne usciremo tanto presto. Quando un finlandese deve comprare qualcosa, di qualunque cosa si tratti, il processo decisionale non è mai veloce e la conversazione con il commesso assume sempre i colori della pantomima, ma il tutto è gestito con la massima naturalezza, E da parte dei commessi c'è sempre la volontà di fornire aiuto e assistenza al cliente.

Poco tempo fa sono andato dal negozio di ferramenta del paese. (Che ci crediate o no, non passo però la vita nei negozi di ferramenta.) E' un negozio spazioso e ben fornito che, a parte i generi alimentari, vende cose di ogni tipo, compresi concimi e fertilizzanti. Avevamo pensato di comprare del fertilizzante per aiutare le nostre nuove conifere a sopravvivere all'inverno, che può essere drammatico per le piante. Armato dei miei ricordi dei centri di giardinaggio inglesi, chiesi al commesso di darmi qualche sacco del nutrimento più adatto alle conifere. Nulla di più semplice, pensavo.

Dopo qualche minuto di esitazione e perplessità il commesso si accorse che nel negozio era entrato un cliente che parlava inglese meglio di lui e lo chiamò in soccorso. Si dava il caso che io conoscessi bene questo individuo, dato che era l'esperto di computer che mi aveva salvato la vita nelle diverse occasioni in cui il mio laptop aveva deciso di fare di testa sua o di entrare in sciopero. Nacque quindi una conversazione animata fra l'esperto di computer e il commesso, e tutto ciò mentre me ne stavo in piedi accanto a una fila di sacchi che mi sembravano contenere proprio il fertilizzante di cui avevo bisogno.

Interrompendo ogni tanto il loro fitto scambio di opinioni in finlandese per consultarmi sul tipo di alberi, la loro posizione in giardino, il loro colore e via dicendo, i due continuarono a confabulare su questo complicato argomento per circa dieci minuti finche' apparve l'uomo tuttofare del villaggio, che fu coinvolto suo malgrado nella riunione di questo strano "consiglio di amministrazione", il cui ordine del giorno era il mio fertilizzante. Passarono altri dieci minuti durante i quali tutti e tre esaminarono le istruzioni scritte sui sacchi, la quantità di acqua da aggiungere a una determinata quantità di fertilizzante, la temperatura del terreno e, con ogni probabilità, l'angolo in cui si troverà la luna rispetto al sole al momento dell'utilizzo. In questa commedia io recitavo solo la parte dello spettatore.

Alla fine emanarono il verdetto. "Pensiamo che questo sia quello giusto." Così ne comprai due sacchi. Ero entrato a fare un acquisto in un negozio di un villaggio e tutti avevano fatto del loro meglio per fornirmi l'assistenza a cui avevo diritto,   dedicandomi tempo e attenzione. La cosa strabiliante è che tutto questo pareva essere determinato da un genuino e sincero desiderio di collaborazione da parte di tutti. Il commesso, l'esperto di computer e il tuttofare del paese si erano tutti e tre uniti per venirmi in aiuto. Ecco perché i finlandesi sono così simpatici e deliziosi nella loro semplicità, e forse così lenti nel prendere decisioni. Persone davvero incredibili.

Un altro esempio divertente risale a poco tempo fa. Entrai in un negozio di abbigliamento nella città vicina, intenzionato a comprarmi un cardigan. I cardigan mi piacciono. Li trovo comodi e facili da portare, in casa e fuori. Se fa freddo li abbottoni, mentre se fa caldo li indossi sbottonati e diventano più casual e adatti ai momenti di relax.

Trovai un modello che mi piaceva, ma purtroppo non nella taglia e nel colore che volevo. Molto gentilmente la negoziante si offrì di ordinarmene dal grossista uno nella taglia e nel colore giusti. Un attimo dopo era già impegnata in un'animata discussione telefonica sul mio cardigan, alla fine della quale mi informò che l'articolo sarebbe stato spedito il giorno dopo, e sarebbe   arrivato in negozio nell'arco di un paio di giorni.

Conoscendo la puntualità dei finlandesi tornai al negozio tre giorni dopo. La signora, con un'espressione di delusione e di tristezza stampata in volto, mi comunicò che il cardigan purtroppo non era ancora arrivato. Chiamò di nuovo il grossista e sicuramente fece le sue rimostranze (benché la sua espressione non tradisse alcun segno di arrabbiatura); alla fine mi chiese di tornare un'ora dopo ed avrei trovato il mio cardigan. Così feci, ma il cardigan ancora non c'era. Le feci presente che saremmo partiti nel giro di tre giorni per l'Inghilterra e che sarei potuto tornare nel negozio solo in occasione della mia prossima visita in Finlandia,   Stabilimmo che, appena il cardigan fosse arrivato in negozio, la signora me l'avrebbe mandato per posta. Non era

81

necessario che lo pagassi in anticipo: avrebbe inserito un modulo di pagamento in contrassegno.

Il giorno seguente la signora mi chiamò a casa per dirmi che il cardigan era arrivato. Per evitare ulteriori ritardi, l'avrebbe consegnato all'autista dell'autobus che collega regolarmente il nostro villaggio alla cittadina, cosi' avrei potuto ritirare il pacco alla stazione degli autobus. Da lì mi avrebbero telefonato per dirmi che un pacco mi attendeva. Non erano trascorsi neppure dieci minuti quando la signora del negozio mi richiamò per dirmi che una cliente che si trovava da lei in quel momento sarebbe tornata in auto al nostro villaggio. Avrebbe consegnato il pacchetto alla stazione di servizio all'ingresso del nostro paese, così avrei avuto il mio cardigan entro un'ora . Rimasi perplesso.

Quando andai alla stazione di servizio, preparandomi mentalmente una frase in finlandese adatta a spiegare la situazione, la ragazza alla cassa, dove si pagano gli alimentari, benzina, articoli da pesca e giubbotti salvagente, mi guardò e mi consegnò subito il pacchetto. Non dovetti dire neanche una parola, né pagare nulla. Questa è la bellezza dell'efficienza e del servizio finlandesi.

Un giorno avevamo fatto la spesa in un supermercato. Era un supermercato come ne esistono tanti nel mondo, tranne per il fatto che i clienti erano pochi e molto silenziosi, e che non si udiva mai nessun annuncio amplificato che dicesse "Miss Fletcher subito al servizio clienti" con quella voce che sembra di metallo. Stavamo per avvicinarci all'uscita, spingendo il nostro carrello stracolmo, contemporaneamente a una coppia di anziani. L'uomo camminava davanti alla donna_a mani vuote, ed andava verso l'auto senza fretta, tenendo una mano in tasca con *nonchalance*. La signora – presumibilmente sua moglie – lo seguiva con due borse della spesa in una mano e una cassetta di birra nell'altra, come un ubbidiente mulo da soma. A un certo punto mancò poco che lasciasse cadere la cassetta attraversando la strada; da buon samaritano io la soccorsi e l'aiutai a percorrere i pochi passi che la separavano dall'auto. Lei non finiva più di ringraziarmi, quasi inchinandosi davanti a me, grata e stupita. L'uomo non si era accorto di nulla. E non si smosse minimamente quando lei aprì il bagagliaio dell'auto per caricare la spesa. Se ne stava seduto lì, al posto di guida, in attesa che la donna entrasse in macchina. Dopo tutto aveva compiuto la sua buona azione: aveva accompagnato la moglie a fare la spesa.

Fare acquisti in Finlandia è senza dubbio tutt'altra cosa da come siamo abituati noi, e anche dopo che l'acquisto è stato effettuato, l'atteggiamento dei finlandesi è così diverso dal nostro! Un aspetto divertente è come i finlandesi vogliano sempre conoscere il prezzo di quello che una persona ha acquistato.

In Inghilterra questo è considerato il massimo della maleducazione, un'intrusione nella privac. Solo quando si tratta della propria casa gli inglesi divengono improvvisamente ciarlieri e si dilungano su prezzi, mutui, tassi d'interesse, eccetera. Può darsi che rivelare agli altri quanto hanno pagato la casa dia loro un'illusione di ricchezza, da condividere persino con un estraneo. E poi ti dicono: "Il nostro mutuo era così e così circa venticinque anni fa, per cui ti lascio immaginare cosa sarebbe adesso con l'aumento di valore degli immobili...". Poi fanno una pausa, aspettano che tu resti a bocca aperta ammirato e sorpreso, con il desiderio inconfessato di sentirsi più ricchi di te. Quando poi sei caduto nella trappola e hai fatto qualche commento di stupore riguardo alla sua ricchezza, allora emerge il tipico falso understatement britannico e ti dice, "ma sai, non è stato poi così difficile", tanto per rigirare il coltello nella piaga.

Ma se invece l'articolo in questione è un semplice oggetto che si può acquistare in un negozio di ferramenta o in un centro commerciale, gli inglesi non oserebbero mai mostrare curiosità e chiederti quanto l'hai pagato, come del resto nessuno si sognerebbe mai di rivelare il prezzo dell'oggetto acquistato.

Rimanemmo quindi piuttosto stupiti quando dicemmo ad amici che avevamo trovato un utensile - non ricordo più cosa fosse - perfetto per la nostra cucina, e ci fu chiesto, "E' costato caro? Quanto l'avete pagato?" L'espressione di orrore che apparve sui nostri volti britannici fu solo in parte mascherata da un sorriso glaciale e dalla vaga risposta "Non è costato poi così tanto". Pensammo che i nostri amici si fossero comportati in modo assolutamente inaccettabile, e probabilmente avessero bisogno di un corso di buone maniere. Quando la cosa si ripeté altre volte con gente diversa, cominciammo a sospettare che forse ci era sfuggito qualcosa. Forse non avevamo capito che ci trovavamo in un Paese dove le cose sono ancora ridotte all'essenziale , dove le persone si esprimono senza complessi e giri di parole. I finlandesi sono curiosi in modo semplice e candido e amano parlare di ciò che hanno comprato, anche il suo prezzo. Non c'è alcuna gelosia o desiderio di copiarti. Dopotutto ogni cosa ha un prezzo, quindi qual è lo scopo di tanta segretezza?

Ora che ci siamo abituati a questo modo di fare , anche noi abbiamo cominciato a fare domande di questo tipo.. Aver preso questa abitudine ci ha fatto sentire più finlandesi - finlandesi tranne che nella lingua, purtroppo. Quello, naturalmente, è un problema che rimane.

Il vicino russo

La Finlandia confina con la Russia per quasi millecinquecento chilometri, e per un secolo e mezzo fu una provincia della Russia dello zar Nicola e poi dell'Unione Sovietica di Stalin.

Costantemente attratta dai vantaggi commerciali offerti dal mondo occidentale, e spaventata dall'idea di turbare il suo potente vicino dell'est, la Finlandia ha vissuto un passato difficile ed incerto che ha pesantemente contribuito alla sua evidente – e ora totalmente ingiustificata – insicurezza. Dico "totalmente ingiustificata" alla luce dei progressi tecnologici di questo Paese ed anche del rispetto di cui questa piccola nazione gode sulla scena mondiale.

Fra la Finlandia e il suo vicino russo non corre buon sangue. Dopotutto i sovietici incorporarono la Carelia alla fine della Guerra d'Inverno del 1940, nonostante l'incredibile resistenza mostrata dai finlandesi che a volte, con le loro piccole unità ben addestrate a combattere nella neve e nelle foreste, diedero una buona lezione alla gigantesca macchina da guerra sovietica. Alla fine i finlandesi dovettero soccombere al vantaggio numerico del nemico e furono tristemente obbligati a cedere l'istmo di Carelia e metà del lago Ladoga, la vasta distesa d'acqua dove tanti carri armati sovietici affondarono miseramente, forse a causa della loro incapacità di distinguere i campi dall'acqua gelata, quando entrambi erano coperti dalla neve.

La Carelia è considerata dai finlandesi la più tradizionale delle regioni, e per questo è da loro profondamente amata. E' da lì che provengono il Kalevala e il Kantetelar, con i loro racconti epici di antiche tragedie e gesta eroiche. Ci siamo imbattuti in tanti individui che avevano lasciato la Carelia dopo la Guerra d'Inverno. Alcuni avevano addirittura portato via le proprie case con ogni mezzo di cui disponevano, per poi rimetterle in piedi lontano dal nemico, spesso nella parte occidentale del lago Paijanne che, con la sua forma allungata, sembrava offrire una sorta di diga di protezione. Le case sono ancora lì, con le loro strutture in legno, magnifici esempi della determinazione di persone che volevano rimanere libere e finlandesi. Gli abitanti della Carelia sono diversi dall'immagine che abbiamo dei finlandesi. In genere sono più bassi e più tozzi, hanno l'aspetto ruvido di chi ha alle spalle secoli di privazioni e di esposizione al freddo, e sono più simili alle popolazioni degli Urali che a quelle nordiche. Sono forti, determinati e orgogliosi, spesso con gli occhi velati di tristezza, quegli occhi che hanno nutrito per decenni la vana speranza di vedere la loro amata Carelia ritornare sotto la bandiera finlandese.

La Russia e i russi sono sempre stati i nemici per tradizione. Ancora oggi secondo la percezione della popolazione più anziana dei finlandesi – soprattutto nelle campagne – tutto quello che c'è di negativo nel Paese lo si deve alla Russia: gli orsi, il *soppi (un animale tozzo e canino)*, le prostitute, i lupi, le signore impellicciate che guidano costosi *Suv* e il brutto tempo. Si ritiene che queste cose, tutte insieme, abbiano attraversato il confine a Lappenranta e a Imatra per impossessarsi di una parte di questa verde terra vuota. Non dobbiamo dimenticare che quando nel 1986 avvenne la riprovevole tragedia di Chernobyl, il complicato sistema di correnti d'aria nel nostro pianeta trasportò le ceneri ed i fumi radioattivi dall'impianto ucraino, ormai carbonizzato, fino alla Finlandia (e, per una strana coincidenza, soprattutto fino alla Finlandia centrale).

Non c'è da stupirsi che questo enorme vicino di casa goda di una buona dose di impopolarità fra i finlandesi

Anche noi siamo stati testimoni di alcuni esempi di un atteggiamento chiaramente inospitale nei confronti dei turisti russi (e ce ne sono molti, soprattutto in inverno). Stranamente a volte ci è capitato, in qualche negozio, di essere scambiati per russi, i quali quasi sempre si rivolgono ai finlandesi in un ottimo inglese. Siamo stati trattati in maniera molto diversa da come eravamo abituati, un servizio da cui la solita gentilezza finlandese era completamente assente. L'usuale cortesia e affabilità riservata ai finlandesi, ma anche ai turisti, era improvvisamente sparita: al suo posto era subentrato un atteggiamento freddo, distaccato ed ostile. Questa situazione si protrasse fino a quando trovammo il modo di far capire che eravamo inglesi, chiarendo così l'equivoco. La cordialità ed il sorriso ritornarono come per un colpo di bacchetta magica. E si può star sicuri che quando un finlandese tratta qualcuno freddamente, la temperatura è certamente sotto zero!

Kekkonen, il famoso presidente della Finlandia del periodo post-bellico, riuscì dove altri avevano fallito: permise al suo Paese di raggiungere un equilibrio duraturo fra l'est e l'ovest. Come già menzionato, era solito dire "Se ci inchiniamo troppo all'ovest offriamo il posteriore all'est". Le due nazioni hanno in comune più di mille chilometri di confine, da sempre considerato un punto debole dai finlandesi, nella piena consapevolezza che, se le parole di Kekkonen venissero dimenticate, la pressione dall'altra parte del confine diverrebbe difficile da contenere.

La posizione di "steccato" è sempre stata difficile per la Finlandia, nonostante accordi economici di vecchia data con il suo vicino, soprattutto quelli riguardanti la fornitura di energia elettrica, la maggior parte della quale proviene dalla Russia. Quando andammo ad Imatra per la prima volta ci spiegarono che, grazie a un particolare accordo, la diga sul fiume Vuoksi viene aperta a intervalli regolari in modo da rifornire d'acqua le centrali elettriche russe situate vicino al confine, le quali a loro volta producono energia che viene rivenduta alla Finlandia.

Qualunque sia l'origine della nuova ricchezza russa, di ricchezza certamente si tratta. Questa viene sempre esibita con grande arroganza e cattivo gusto, quasi con un atteggiamento imperialista nei confronti della Finlandia. I migliori negozi di Helsinki e delle città del sud sono invasi regolarmente da signore russe di un'eleganza ostentata che, accompagnate dai mariti come se fossero dei cagnolini, guardano tutti dall'alto in basso. Camminano per le strade con i telefoni cellulari più moderni di cui la tecnologia mobile disponga, si muovono come se fossero gli unici padroni della terra su cui camminano, trattando in modo sgarbato i commessi e spargendo banconote a destra e a manca "Sì", commentò la direttrice di un negozio, quando ci meravigliammo dalla grande quantità di turisti russi nella capitale finlandese, "ma il pacchetto turistico *all inclusive* non include purtroppo l'uso del cervello". Sarà forse un commento crudele e pesante, considerata la quantità di danaro che i russi spendono nei negozi, a tutto vantaggio dell'economia finlandese, ma purtroppo riflette un sentimento molto diffuso nella popolazione.
Durante l'inverno l'invasione russa, un'invasione fatta di pellicce e stivali firmati, è ancora più visibile. Gli invasori viaggiano spesso in gruppo, in convogli di *Suv* di recente produzione, occupano tutte le strade e fumano dappertutto. Malgrado il freddo, le signore esibiscono con fierezza i loro graziosi e aristocratici nasini all'insù, insieme alla loro eleganza decadente. Sono i nuovi ricchi. Forse fra alcune centinaia d'anni avranno imparato a comportarsi con stile.

I finlandesi hanno conservato alcuni luoghi di riferimento che sono diventati famosi, come il *Valtionhotelly* a Imatra, una costruzione in pietra piuttosto cupa e imponente che veniva utilizzata regolarmente per le riunioni dei dignitari russi. Imatra si trova a soli sei o sette chilometri di distanza dalla città russa più vicina, e l'albergo forniva agio e *privacy* ai compagni comunisti all'interno delle sue spesse mura. Il caffè che prendemmo al *Valtionhotelly* ci fu servito in una sala elegante e spaziosa, mentre nel salone adiacente si celebrava un matrimonio. Era un luogo piacevole e rilassante, ma la cupa atmosfera bolscevica sembrava aleggiare ancora nell'aria.

Un altro punto di riferimento storico è l'hotel *Venajanlinna*, ai margini di Hameenlinna. Situato sulla sponda di quello che viene considerato un lago dalle acque purificanti, l'albergo, in origine creato per ospitare una scuola per agenti del KGB, è stato trasformato in una comoda dimora di lusso completa di campo da *golf*. E' un edificio imponente in mattoni rosso scuro, con alcune costruzioni esterne che offrono la bellissima vista del lago. Ci andammo con degli amici e prendemmo un aperitivo nel patio che si affaccia sul lago, in fondo ai giardini curati in modo splendido. Era un luogo bello e silenzioso. Ci dissero orgogliosamente che un campione di Formula Uno finlandese si era sposato lì. Forse avremmo dovuto essere elettrizzati dalla notizia. Non ci sentimmo entusiasti.

Così la Russia e l'eredità che ha lasciato fanno inevitabilmente parte della vita finlandese, che ai finlandesi piaccia o no. Dopotutto ci sono anche delle cose positive.

Nell'angolo sudorientale della Finlandia, lungo le sponde del lago Saimaa, e spingendosi ancora più a sud verso Imatra e Lappeenranta, la campagna è costellata da piccole comunità di russi che si insediarono lì all'inizio del secolo scorso per fuggire dalla rivoluzione di Lenin. Arrivarono con le poche cose che possedevano. Ancora oggi conservano le loro abitudini e la loro semplice cultura contadina che si rispecchia nelle case variopinte, ornate di belle sculture intagliate nel legno delle finestre e delle porte. Insieme a loro giunsero anche monaci e preti, che fondarono monasteri e conventi, mantenendo in questo modo viva quell'unità spirituale che Lenin aveva cercato di distruggere nel loro Paese.

Visitammo un paio di questi luoghi sacri, Valamo e Lintula. Valamo è un esteso complesso urbano composto da edifici antichi e di più recente costruzione. I monaci ortodossi l'hanno trasformato in una meta di pellegrinaggio, ma è un luogo un po' particolare. Il piccolo insediamento originario è ora diventato un'impresa commerciale di rilievo, con ristoranti in grado di servire centinaia di persone, e un piccolo supermercato che vende vini locali, una grande varietà di icone e di *souvenir* e perfino case-vacanza. . Ci andammo insieme ad un paio di amici, nella giornata forse più calda di quell'estate, e ne ricavammo l'impressione di essere in un luogo arido, polveroso e sgradevole. Gli alberi erano stati piantati solo di recente e non erano ancora cresciuti a sufficienza per offrire l'ombra che sarebbe stata così necessaria. Non si aveva affatto l'impressione che fosse un luogo sacro.

Quando stavamo parcheggiando l'auto, una signora dai modi pomposi si avvicinò, dandoci istruzioni rigorose riguardo all'abbigliamento da adottare e al comportamento da tenere in quel luogo sacro. Noi, tutti e quattro, ci sentimmo intimiditi come degli scolaretti alla vigilia di un esame. Non la trovai per nulla simpatica.

Dopo la visita sotto il sole cocente agli edifici del monastero e un pranzo in una sala così grande da far concorrenza alla Costa del Sol feci una breve chiacchierata con un giovane monaco. Mi spiegò che a Valamo il numero degli studenti della scuola di religione è in declino costante, e che l'Ordine ha difficoltà ad assicurare un futuro al monastero. Immagino anche che l'originaria comunità ortodossa stia riducendosi di numero; le nuove generazioni si sono amalgamate in una società prevalentemente luterana ed è inevitabile che dimentichino le radici religiose dei loro antenati.

Lintula è molto diversa. E' un convento in cui un piccolo numero di suore ortodosse camminano silenziosamente, pregano, preparano marmellate, cuociono il pane e producono candele. Si respira un'atmosfera di spiritualità e i visitatori si sentono obbligati a camminare lentamente e a restare in silenzio. Perfino il caffè - bar, dove una giovane suora con un sorriso candido serve bibite e torte fatte in casa, ha un'aria tranquilla e rilassante. E' un luogo che emana pace e serenità, con le sue basse costruzioni, immerse nei campi e nel verde degli alberi, che sono il dormitorio per le suore.

Fra Valamo e Lintula mi sono senza dubbio sentito più a mio agio a Lintula. Sono certo che anche Dio la pensi come me.

I russi hanno cominciato ad investire notevoli somme di danaro nel settore immobiliare e molti hanno comprato dei *cottage* nella zona del Paijanne. La sua bellezza e la sua relativa vicinanza a San Pietroburgo rendono questo enorme lago un luogo molto appetibile. I finlandesi forse non sono entusiasti all'idea che la loro terra venga acquistata dal loro nemico storico, ma hanno abbastanza intelligenza e senso pratico per capire che il paese ha bisogno di altri contribuenti e che comunque dipende dall'energia russa. Se Mosca dovesse staccare la spina, la Finlandia sarebbe al freddo, al buio, ed in condizioni di povertà. E' un rapporto di amore-odio che probabilmente non cambierà mai.

Notammo delle torri di osservazione in legno lungo la vecchia strada che corre lungo il confine con la Carelia, a pochi chilometri da Imatra, su entrambi i lati della linea di confine che a volte passa attraverso distese d'acqua. Ora queste torri sono deserte, monumenti vuoti a ricordo di un passato ormai lontano, in cui i soldati di entrambi gli eserciti si sorvegliavano a vicenda puntandosi addosso un fucile. La Guerra Fredda è finita, ma i ricordi ci sono ancora e forse solo i canali televisivi che trasmettono *film* in russo riescono a mantenerli vivi.

Come recita il vecchio detto? "Il lupo" (in questo caso l'orso) "perde il pelo ma non il vizio". E' sempre bene non abbassare la guardia.

La giornata in cui la Finlandia si liberò finalmente dal giogo russo, solo poco più di novant'anni fa, è celebrata come festa nazionale. Fu il 6 dicembre 1917. Anzi, fu in realtà il 30 novembre quando il senato finlandese emanò lo statuto approvato in precedenza da Lenin che assicurava alla Finlandia la libertà dai sovietici. Il contenuto di quel famoso e così importante pezzo di carta fu poi ratificato ed entrò in vigore cinque settimane più tardi.

Il 30 novembre 2007 ci trovavamo per combinazione in Finlandia e una cara amica ci invitò ad andare con lei ad una cerimonia celebrativa che avrebbe avuto luogo nei boschi, non lontano da dove abitiamo noi.

Aulikki (il nome deriva da una delle creature fantastiche delle foreste finlandesi) ci venne a prendere in auto nel pomeriggio e percorse lentamente cinquanta chilometri per poi svoltare e prendere una direzione non indicata da alcun cartello stradale. Pioveva ed era già buio. Era una serata triste e deprimente, una serata invernale tipica della campagna finlandese, quando ancora non c'è la neve sul terreno. Tutto era avvolto dall'oscurità, e la stretta strada tortuosa che si addentrava nella foresta dava l'impressione di essere sdrucciolevole e pericolosa. Era più adatta a una gara di *rally* che alla guida esitante di Aulikki che, tra l'altro, non scalava le marce con la frequenza richiesta dalla presenza delle numerose curve. Nonostante fossimo a bordo di un'auto a quattro ruote motrici, molto spesso tememmo di finire in un fossato o di andare a sbattere contro un albero.

Quando infine giungemmo a destinazione vedemmo una piccola capanna di legno in una spiazzo nella foresta. Alcuni military dirigevano le auto verso i posti di un parcheggio nel terreno fangoso. Da un furgone bianco usciva del fumo attraverso un tubo di metallo e intuimmo che al suo interno si stesse preparando del cibo caldo. Era un luogo surreale.

Nella piccola casupola parecchie persone, in tipico abbigliamento da foresta ed invernale, erano sedute attorno a tavoli di legno, praticamente schiacciate contro i muri per consentire a tutti di trovare posto. Sembravano personaggi usciti dalla Bibbia o da un episodio del Signore degli Anelli. Vestiti con indumenti da boscaioli, vedemmo figure dai volti austeri, barbuti, dagli sguardi severi che incutevano timore.

Entrammo, presentandoci a tutti come è abitudine fare in Finlandia, e ci sedemmo in un'altra stanza, dove un colonnello dell'aeronautica ed il cappellano che avrebbe officiato il semplice servizio religioso e distribuito la Santa Comunione, avevano allestito un altare improvvisato. Quando dicemmo al cappellano che venivamo dall'Inghilterra, si scusò per non essere stato avvertito in anticipo e non aver potuto preparare qualche parola di saluto in inglese. Ci sentimmo a nostro agio e avemmo l'impressione di far parte di una comunità speciale, fervente e unita.

Il servizio religioso comprendeva un breve discorso e una lettura dal Vecchio Testamento che io riuscii in parte a capire, con mia grande soddisfazione. Il discorso verteva sulla liberazione di questa piccola nazione dalla dominazione russa e sui sacrifici fatti dai finlandesi per garantire il mantenimento della libertà conquistata. La Finlandia centrale fu teatro di alcune fra le peggiori e più sanguinose battaglie fra i Rossi e i Bianchi, e molte vite furono perdute nella guerra civile che per un certo periodo divise il paese.

Dopo la Comunione vennero distribuite grandi scodelle di plastica di zuppa calda a base di verdura e di carne di maiale, accompagnate da un sacchetto di carta che conteneva pane di segale e burro. La zuppa era corroborante, nutriente e gustosa.

Quando giunse il momento di andarcene, cominciai a pensare con terrore al viaggio di ritorno lungo la strada nella foresta. Speravo che la presenza di altre auto davanti a noi potesse rallentare la guida di Aulikki, così da farci raggiungere sani e salvi la strada principale, dove sarebbe di nuovo andata ad una velocità lenta e ridicola, ma perlomeno non pericolosa. Aulikki e suo marito Heikki sono carissimi amici e sono sicuro che lei non si offenderà per i miei commenti sul suo modo di guidare. Dopotutto se la cava benissimo; quando una volta ci venne a trovare durante l'inverno e dovette fare marcia indietro per parcheggiare, il solo danno che causò fu quello di abbattere alcuni paletti in plastica arancioni, da noi conficcati nel terreno lungo i margini del nostro vialetto, per aiutare lo spazzaneve a sgombrare la neve solo negli spazi necessari.

Quella serata bizzarra e interessante ci era piaciuta e ci eravamo sentiti perfettamente inseriti in questa società semplice e sincera; tutto questo grazie ai russi che novant'anni fa avevano restituito alla Finlandia la sua libertà.

Il vicino svedese

La Russia all'est e la Svezia all'ovest. Due Paesi e due padroni incredibilmente diversi nella storia della Finlandia.

La Corona svedese possedette la Finlandia (o per meglio dire la terra di quella che è l'attuale Finlandia) per quasi seicento anni, fino al diciannovesimo secolo. Per gli Svedesi era molto facile attraversare lo stretto braccio di mare del golfo di Botnia per arrivarvi e cacciare; il fatto poi di avervi fondato delle comunità, li indusse presto a credersi padroni e amministratori di questo enorme paese vuoto.

Anche la Svezia, tuttavia, è un grande paese vuoto, e la seduzione che le coste finlandesi esercitavano su marinai e pellegrini nasceva quindi più da un interesse per l'ignoto, che dalla necessità di trovare sostentamento. Una volta sbarcati sul suolo finlandese di solito non si spingevano molto lontano, e fu loro facile creare alcuni insediamenti, soprattutto sulla costa occidentale e sud-occidentale. Non erano conquistatori, ma piuttosto esploratori che viaggiavano sotto bandiera svedese, a cui era sufficiente trovare terreno supplementare per cacciare. Alcuni decisero di restarvi per godere della ricchezza delle foreste, dell'abbondanza dei frutti di bosco, della pesca, e dell'abbondante spazio disponibile. Così la Finlandia divenne un granducato della Svezia con legislatori e governanti svedesi.

Turku (o Abo in svedese) fu la prima capitale. E' una città abbastanza grande, vicina alla costa, con un'antica cattedrale e un castello imponente in pietra, ed in passato godeva dei vantaggi tipici di tutte le città attraversate da un fiume. Mercanti e commercianti vi arrivavano via mare e, raggiungendo l'acciottolato della piazza centrale, per vendere le loro merci nei vecchi mercati allestiti a ridosso delle mura della cattedrale, sui un lato della piazza. Lo stesso luogo dove, la vigilia di Natale a mezzogiorno in punto, il sindaco di Turku legge ancora oggi la Dichiarazione di Pace dal balcone del palazzo dell'amministrazione pubblica. La dichiarazione viene letta in finlandese ed in svedese e dà ufficialmente il via all'inizio delle feste natalizie. Scritta da un prete anonimo nel diciassettesimo secolo, è un documento semplice e breve che alcuni amici ci hanno tradotto e trascritto su un foglio di carta, arrotolandolo e legandolo con un nastro.

Sono poche frasi auguranti pace e felicità alla Nazione. Quasi tutta la Finlandia guarda l'evento trasmesso dalla televisione ogni anno, e la piazza della cattedrale è sempre stracolma di famiglie che vogliono trasmettere ai loro figli l'importanza del rispetto delle tradizioni, un valore che tante nazioni hanno ormai dimenticato.

Poiché le fondamenta amministrative erano svedesi, lo svedese divenne inevitabilmente la lingua ufficiale. E' una lingua dura, dal suono gutturale, che sembra aver bisogno di un volto austero e di un senso dell'umorismo piuttosto limitato per essere parlata correttamente e che gli amministratori di Turku cercarono di imporre alla popolazione, con scarso successo. La popolazione non si curò molto della legislazione che Turku redisse in forma scritta, ma che non ebbe mai modo di imporre . Le foreste possedevano le proprie leggi e non avevano invece alcun contatto o alcuna familiarità con i documenti scritti che, in ogni caso, nessuno era in grado di capire. L'influenza della Chiesa e dei monaci, che ebbero il coraggio e la resistenza fisica per intraprendere il viaggio verso la Finlandia, contò molto di più, in termini di messaggio di unificazione, delle regole astratte dei lontani Signori Svedesi. I monaci stessi, che vivevano nelle piccole comunità, potevano meglio capire il modo di vivere, le aspirazioni ed i bisogni finlandesi

Così la Finlandia continuò a costituire per gli svedesi solo un terreno di caccia. Si dibatte ancora oggi sulla frequenza con cui i re di Svezia la visitassero quando era una provincial del loro regno . Si trattava di un numero di visite davvero esiguo, ed è perfino possibile che in Finlandia i re di Svezia non ci fossero andati mai. La Finlandia era solo un granducato svedese, un'appendice unita al regno da una striscia sottile di terra, lassù nel nord, un luogo in cui regnava un inverno perenne e i cui monti erano alti e impossibili da scalare. La lingua svedese era la lingua delle *élite*, delle persone colte e della legge. Non era la lingua del popolo.

La situazione rimase immutata fino al momento in cui la Corona Svedese, nel diciannovesimo secolo, stipulò un accordo con lo zar russo. L'accordo prevedeva che il granducato di Finlandia venisse per così dire "venduto" alla Russia, concedendo così al "vicino dell'est " accesso alla caccia ed ai porti vicini sul Mare del Nord.

Perfino dopo il successo storico ottenuto da Lonroth e da Snellman con la creazione di una lingua nazionale finlandese, lo svedese rimase la lingua di base che si insegnava a scuola. I russi tentarono, senza entusiasmo nè successo di far adottare la loro lingua dai finlandesi, ma ciò fu fatto senza reale convinzione , e si trasformò in un completo fallimento. Ancora oggi lo svedese è insegnato nelle scuole, ma sebbene molti finlandesi di mezz'età sappiano parlarlo, è stato a poco a poco sostituito dall'inglese che è diventato la seconda lingua. (Naturalmente con grande gioia da parte nostra, dato che alla nostra età non abbiamo una grande voglia di imparare difficili espressioni che metterebbero a dura prova il nostro povero cervello.) Ci sono persone addirittura decisamente contrarie al fatto che si parli lo svedese, ricordando i seicento anni di dominazione subita grazie al loro vicino dell'Ovest. I giovani non ne sono interessati, e tutto ciò che voglono ricordare delle Svezia sono gli Abba, il groppo pop degli anni settanta che conquisto' il mondo, dopo il successo di Waterloo nel concosros per la canzone europea. La famiglia reale svedese è un'istituzione che gode però di grande rispetto, ed alcuni suoi membri sono molto ammirati per la loro bellezza.

Ricordo che un paio di anni fa una coppia di amici – nostri dirimpettai in Inghilterra – venne a farci visita in Finlandia per due settimane nel nostro *cottage* nel bosco. Era l'inizio di marzo e il tempo si era messo il suo vestito più bello. La neve sul terreno era soffice e compatta, la temperatura venti gradi sotto zero, il cielo era blu e il sole splendeva .

I nostri amici sono una coppia mista in quanto Cecilia è svedese e suo marito John, inglese, ha nelle vene anche sangue svedese. Entrambi parlano molto bene lo svedese e ricordandosi dei legami che in passato avevano unito la Finlandia e la Svezia, cercavano di rivolgersi alle persone in svedese, per essere probabilmente bene accetti.

Un giorno decisero di comprare del pesce ed io li accompagnai al capanno in cui Jorma, nostro vicino, conserva la sua provvista di pesce persico, di lucci, di pesce persico, salmon, luccio e via dicendo. Quando videro Jorma venirci incontro lo salutarono in svedese. Credo che gli avessero chiesto se fosse disposto a vendere loro del pesce. Lui ricambiò il saluto in finlandese, poi si rivolse a me perche' io spiegassi in inglese che cosa volessero i miei amici. Sono certo che Jorma, prossimo alla sessantina, non volesse proprio parlare quella lingua, seppur imparata a scuola negli anni in cui era materia obbligatoria . In quanto a me, ebbi la sensazione di avergli presentato degli invasori. Forse molti finlandesi provano la stessa cosa.

Ci sono sicuramente delle somiglianze fra la Finlandia e il suo antico padrone. Il clima è simile, benché una parte consistente della Svezia si trovi molto più a sud della costa finlandese che si affaccia sul golfo di Finlandia. Gli svedesi, proprio come i finlandesi, vanno regolarmente in vacanza, al mare o ai laghi, nei loro *cottage* situati nelle migliaia di isolette a poca distanza dalla costa. Gli svedesi amano la *princess cake*, una meravigliosa torta di marzapane, proprio come i finlandesi. Gli svedesi sono per la maggior parte luterani, proprio come i finlandesi.

Ma, in realtà, le due nazioni sono molto diverse tra loro. Gli svedesi vengono considerati altezzosi e arroganti dai finlandesi, che ritengono di essere visti ancora come coloni, cosa che francamente non credo sia più vera. Gli svedesi non fanno parte dell'Unione Europea, e questo conferma la diffusa impressione che si sentano diversi dai loro *partner* nordici quali la Finlandia, la Norvegia e la Danimarca. Sono tutti biondi (con qualche eccezione, naturalmente). I loro geni derivano in gran parte dai vichinghi danesi, ai quali bastava un salto sull'acqua per arrivare facilmente dall'altra parte del mare. I finlandesi invece sono un incrocio di razze nordiche e dell'Europa centrale, rappresentate rispettivamente da persone magre, alte e bionde, e da persone di bassa statura, tozze e dai capelli scuri. La Svezia non ha mai avuto il problema di dover scegliere fra l'est e l'ovest, potendo usare la Finlandia come cuscinetto e riuscendo così a rimanere isolata e neutrale. La Finlandia invece ha dovuto costantemente dibattere: se avvicinarsi al colosso sovietico da una parte o alle democrazie occidentali dall'altra.

Comunque, la Finlandia e la Svezia non possono ignorarsi. La breve linea di confine che, a nord, unisce i due Paesi non è solo una connotazione geografica. Dal punto di vista finanziario, i legami che intercorrono fra i due stanno assumendo sempre maggiore importanza. Alcune grandi fusioni o acquisizioni dell'ultimo decennio hanno avuto luogo fra gruppi di entrambe le sponde del golfo di Botnia. In molte città finlandesi del sud e dell'ovest i nomi delle vie e le indicazioni stradali appaiono in entrambe le lingue. Il canale TV2 trasmette molti programmi, compresi i telegiornali, in svedese, e mi vergogno a dire che noi riusciamo a seguire i notiziari in questa lingua meglio che in finlandese, sebbene né Celia né io la conosciamo.

Quindi i rapporti fra la Finlandia e la Svezia sono come un matrimonio di convenienza, senza né carro, né cavalli, né riso da tirare agli sposi. I due Paesi si tollerano a vicenda semplicemente perché devono farlo, senza nutrire sentimenti di amore o di odio, ma fondamentalmente disinteressandosi l'uno dell'altro. Perlomeno nessuno pensa che dalla Svezia arrivino animali feroci, nubi tossiche o prostitute.

Lo sport nazionale di entrambi i Paesi è l'*hockey* su ghiaccio, una cosa paragonabile al calcio in molte nazioni dell'Europa continentale. La Finlandia e la Svezia sono per tradizione acerrime nemiche, fin da quando questo sport fu inventato; il giorno in cui si svolge la finale tra Svezia e Finlandia di un torneo internazionale su entrambi i Paesi cala il silenzio. Il traffico si ferma, e quasi tutti i cinque milioni di finlandesi e i nove milioni di svedesi restano incollati agli schermi televisivi. I finlandesi sono disposti ad accettare di buon grado una sconfitta con qualsiasi squadra, basta che non siano gli svedesi ad infliggerla. Una vittoria contro il loro nemico è la più dolce delle ricompense.

I frutti di bosco

===============

I frutti di bosco in Finlandia si trovano dappertutto. I finlandesi li adorano e amano il succo che ne ricavano. O perlomeno, così dicono.

Anche noi una volta avevamo delle piante di frutti di bosco in giardino – neri, rossi e bianchi. Ogni anno, quando arrivava il mese di luglio, le piante si riempivano dei loro frutti variopinti , e gli amici si complimentavano con noi per la loro abbondanza e per la quantità di succo che Celia poteva ricavarne. Ma, come si dice, "Beh, e allora?"

Coprivamo i cespugli con una rete di nylon per impedire alle miriadi di uccelli di strappare i frutti dai cespugli e di lasciare poi i loro escrementi colorati sul pavimento in legno dei nostri portici. Avevamo perfino sviluppato una specie di istinto di protezione verso quelle piante. Non volevamo che se ne impossessassero gli uccelli. Appartenevano solo a noi. Non che ne avessimo bisogno in grandi quantità. Anzi, mi ricordo che li raccogliemmo solo un paio di volte, facendoci pungere dalle zanzare, sporcandoci le mani e oltretutto non divertendoci troppo. Ne riempimmo interi secchi e mettemmo il raccolto a congelare nel *freezer*. Celia ne utilizzò alcuni per qualche dolce e per decorare le torte; il resto finì nella spazzatura l'anno seguente.

In questo non c'è sicuramente nulla di strano ma, come ho già accennato in precedenza nel libro, raccogliere i frutti di bosco è il passatempo nazionale, proprio come fare la sauna, affumicare il pesce, cuocere il pane e chiacchierare nei negozi.

Per raccogliere i frutti di bosco si invitano gli amici. (Scoprimmo che, in effetti, questo è il modo migliore per trovarseli già belli e pronti senza fare la benché minima fatica.) Ovviamente si permette agli amici di portarsi via una parte dei frutti che hanno raccolto e messo nei loro secchi di plastica. Di solito gli amici hanno già il *freezer* stracolmo di quelli del proprio giardino o del giardino di altri amici, e immancabilmente finiranno per regalarne alcuniloro amici, che a loro volta ne avranno il *freezer* già stracolmo dall'anno precedente. E così via all'infinito.

Avere frutti di bosco nel *freezer* infonde nelle donne finlandesi un certo senso di sicurezza ed il coraggio di affrontare l'inverno incombente sapendo di poter preparare succhi contro il raffreddore, il mal di pancia, il mal di testa, la febbre e altri malanni. Celia si sente tranquilla e felice se nella dispensa ci sono le patate, anche se non ne ha mai ricavato il succo. Le donne finlandesi per sentirsi sicure devono invece avere frutti di bosco.

Comunque, dopo aver capito l'importanza data alla raccolta dei frutti di bosco ed alle gioie insite in questa occupazione, molte delle persone che abbiamo conosciuto ci hanno confessato sottovoce che odiano fare questo lavoro. Le mani diventano sporche e appicciccose, ci si annoia e si suda sotto il sole del mese di luglio, periodo fra l'altro culmine delle zanzare; ma come tutte le tradizioni che richiedono fatica, anche questa va rispettata con un sorriso stampato sulle labbra.

I cespugli di frutti di bosco sono ormai scomparsi da tempo dal nostro giardino. Ne abbiamo dati un paio a Juhani e a Iris e gli altri li abbiamo regalati ad amici. Davvero non so quale uso Juhani e Iris ne abbiano fatto, dato che si sono trasferiti in un appartamento con due balconi al terzo piano di un condominio. Ma erano comunque felici di portarseli a casa. E il numero delle nostre zanzare è sicuramente diminuito.

Un paio di anni fa andammo a far visita ai genitori di un amico nella loro bella casa appena fuori Turku, l'antica capitale della Finlandia. Ricevemmo un'accoglienza calorosa da questa coppia di anziani che ci offrirono caffè e fette di torta. La signora, piccolina ed elegante, aveva una grande personalità e un sorriso radioso. Suo marito era un uomo gioviale e gentile che, all'età di ottantadue anni, si era creato all'interno dell'appartamento, di una pulizia e ordine straordinari, una stanza tutta sua per lavorare al computer.

Seduti insieme a loro al tavolo della cucina, godemmo della spontanea cordialità con cui ci trattarono, nonostante fosse il nostro primo incontro. Mamma (come la sua famiglia chiamava la signora da quando era diventata nonna) a un certo punto aprì il *freezer* e ci mostrò l'enorme quantità di frutti di bosco che aveva messo a congelare. Ci spiegarono che, come a tutte le massaie finlandesi, anche a Mamma piaceva conservarne grandi quantità. Le davano un senso di sicurezza.

Alcuni si sarebbero trasformati in succhi di frutta, altri con ogni probabilità sarebbero rimasti lì fino all'anno dopo, quando sarebbero stati gettati nella spazzatura e sostituiti da altri appena raccolti. Mamma mi ricordò mia nonna, sia per il fisico minuto che per il modo affettuoso e teatrale di gesticolare.

Pensavo ai nostri cespugli, disordinati, brutti e invasivi e all'idea orripilante di dover raccogliere quelle bacche, anche se questo non succedeva spesso. Detestavo avere le mani rosse e blu e appiccicose. Detestavo il mal di schiena che mi assaliva dopo aver passato ore chino sui cespugli, cercando di raccogliere i frutti migliori, nascosti come sempre sotto i rami più bassi. Detestavo tutto ciò che aveva a che fare con questa strana occupazione. Detto questo, devo ammettere che mi piaceva il sapore dei frutti appena colti dal cespuglio, quando li staccavo e li mangiavo camminando in giardino. Mi piacevano anche cotti, come ripieno di una torta o come accompagnamento al tradizionale sanguinaccio, la salsiccia tipica di Tampere, o alla carne di maiale, o perfino aggiunti ad una bella insalata in un giorno d'estate.

Il terreno del vecchio bosco, sulla riva di un lago, che acquistammo alcuni anni fa è quasi interamente coperto da piante di mirtilli. Sono piccole piante resistenti a foglie spesse, minuscole, lucide, di un intenso colore verde. Purtroppo, in una delle rare occasioni in cui Celia decise di andarli a raccogliere, armata di un secchiello, scoprì con costernazione che gli orsi l'avevano preceduta e avevano banchettato con i nostri frutti. Le grandi orme lasciate sulle povere piantine schiacciate per terra erano la prova di quanto gli orsi li adorino. Spero che, come giusta punizione per il loro furto, la lingua di quei simpatici ladri sia diventata blu.

In Finlandia raccogliere frutti di bosco è importante quanto raccogliere funghi.

Noi i funghi non li conosciamo affatto, né siamo in grado di distinguere quelli commestibili da quelli velenosi; però ci piace mangiarli e Celia li cucina spesso in modi diversi. Moltissimi finlandesi sono invece grandi conoscitori di funghi, e organizzano regolari spedizioni per andare in luoghi che tengono segreti e dove trascorrono ore intere a raccoglierli.

In effetti la Finlandia è un grande produttore di funghi. L'umidità delle folte foreste costituisce l'ambiente ideale per questo strano prodotto della terra e perfino i famosi porcini - per tradizione considerati una prerogativa solo italiana – crescono in tale abbondanza da essere addirittura esportati in Italia. Gli italiani stessi vengono in Finlandia appositamente per raccoglierli, anche se, da buoni italiani non lo ammetterebbero mai. Mi ricordo che una volta, in una calda giornata d'estate, Juhani e Iris ci invitarono a raccogliere funghi in una piccola isola nel lago Pajanne, dove andavano con regolarità in tutta segretezza, non volendo rivelarne l'ubicazione a nessuno.

A quell'epoca Juhani aveva ancora una barca a motore, un'imbarcazione piccola ma confortevole dotata di una cabina, di un "pozzetto" dove sedersi e di un paio di cuccette. Avevamo la massima fiducia in Juhani che, grazie alla sua attività di pesca, conosceva perfettamente il lago per averci trascorso intere notti per molti anni, gettando le reti e pescando pesce in abbondanza. Navigammo per circa quaranta minuti diretti a est, fino a che raggiungemmo una piccola baia protetta dove gettammo l'àncora. Per sbarcare dovemmo salire su una piccola barca a remi, dato che l'acqua era troppo bassa per consentire alla barca a motore di giungere fino a riva.

Fortunatamente l'acqua del lago in quel momento era calma. Celia non ha mai amato troppo salire su piccole imbarcazioni, e in parecchie occasioni in cui ha dovuto farlo le sono saltati i nervi. Per esempio, una volta trascorremmo alcuni giorni in una cittadina meravigliosa del Devon, benedetta da un magnifico estuario che sfocia nel canale della Manica. Andammo a far visita ad amici sulla loro magnifica barca a vela da regata, con il suo scafo in legno tirato a lucido, ormeggiata in mezzo all'estuario. Dopo aver bevuto qualche bicchiere, fummo caricati su un canotto a motore per ritornare sulla terraferma. Celia si agitò all'idea di dover scendere dall'imbarcazione nella barchetta gonfiabile che galleggiava nei flutti, e il risultato fu che finì con il posteriore in acqua. Quella sera al ristorante dovette star seduta con i *jeans* e la biancheria bagnata. E a quell'epoca era anche astemia, così non poteva neppure addurre la scusa di aver ecceduto con l'alcol.

Torniamo alla nostra piccola spedizione. Avemmo l'impressione che nessun'anima viva avesse mai messo piede su quell'isola. Ci sembrava di essere in un altro mondo. C'era un forte odore di muschio per via dell'umidità della vegetazione e del terreno. Molti alberi, marciti da secoli di capricci atmosferici, giacevano per terra morti, in mezzo a pezzi di roccia che erano caduti misteriosamente chissà da dove. I nostri stivali di gomma affondavano nel terreno bagnato e torboso. Non ci saremmo stupiti se dai cespugli fosse saltato fuori qualche mostro preistorico. Regnava un silenzio irreale e i colori erano splendidi.

Camminammo per circa dieci minuti fino a un'apertura nella vegetazione e improvvisamente li vedemmo: centinaia di funghi che facevano capolino dappertutto. Non ho idea di quale qualità fossero, e dimenticammo immediatamente il nome a cui Iris aveva accennato. Iris ci indicò quelli che potevamo raccogliere; ci mettemmo diligentemente al lavoro, riempiendo i nostri secchi, accertandoci di non raccogliere quelli velenosi e consultandoci spesso con lei. Trascorremmo almeno un'ora e riempimmo quattro secchi senza nessun problema, chiacchierando in continuazione, a volte facendo una pausa per dare un po' di riposo alla schiena indolenzita. Fu un'esperienza bellissima, soprattutto grazie al fatto che non c'era nessuno all'infuori di noi.

Di ritorno sulla "grande" imbarcazione, pranzammo con caffè e *pirakka*, delle tortine salate fatte in casa da Iris a base di riso e uova, secondo una delle numerose ricette tradizionali della Carelia. La *pirakka* era ottima.

Quando Juhani ci riaccompagnò a casa, Iris ci diede una generosa quantità dei funghi raccolti. Non mi ricordo come Celia li cucinò, ma erano davvero eccellenti.

Paula è un'altra esperta in fatto di funghi; in autunno anche lei organizza delle spedizioni, avventurandosi da sola, nonostante il rischio di incontrare orsi o lupi, in luoghi "privati" che solo lei conosce e dove i funghi abbondano. Non ci ha mai rivelato dove vada, sebbene sappia benissimo che non andremmo mai a raccoglierli. Come chiunque ami raccogliere i funghi, anche lei custodisce gelosamente il suo segreto.

Già, orsi e lupi. Alcuni anni fa gli ambientalisti riuscirono a convincere il governo a ripopolare di lupi le aree più selvagge della campagna finlandese, liberandoli dalla cattività per ristabilire un equilibrio (così sostenevano) nella fauna presente nelle foreste. Avevano ovviamente dimenticato che, se in passato uomini e lupi abitavano nelle foreste temendosi e rispettandosi, i lupi dei nostri giorni, cresciuti in cattività, vivono invece in contatto costante con gli esseri umani da decenni, ed hanno imparato che gli esseri umani danno loro da mangiare. Non sono intimoriti dall'uomo e non hanno paura di scendere nei villaggi in cerca di cibo.

Il risultato è che cani, gatti e altri animali domestici scomparvero, mentre i lupi erano spesso visti nelle cittadine sia di giorno, sia di notte. I bambini non potevano più camminare da soli nelle zone boschive e perfino gli adulti non si sentivano più tranquilli da soli nelle foreste. Devo confessare che neppure io lo sarei in luoghi isolati, temendo di poter incontrare un branco di lupi.

Stranamente, dopo un paio d'anni e dopo alcuni sgradevoli incidenti, i lupi sono praticamente scomparsi di nuovo. O forse si sono trasformati in alci e sono divenuti vittime della eliminazione controllata che il Governo da tempo impone per un controllo organizzato di tale popolazione. Stranamente anche gli esperti cacciatori hanno comnciato a confondere i lupi con gli alci! Non se ne sente più parlare.

Qualche volta penso che i politici - che vivono in città - dovrebbero conoscere un po' meglio il loro Paese invece di addossare tutte le colpe alla Russia.

I finlandesi

Molto spesso hanno un aspetto serio e formale. Amano discutere di "business". Vogliono tutti (o tutte) essere uomini (o donne) d'affari. Passano una porta senza preoccuparsi minimamente del fatto che le persone dietro di loro la possano prendere in faccia. Si fanno largo tra la folla a gomitate come se dovessero correre per salvarsi dalla fine del mondo. Mangiano in fretta e senza parlare. Non si alzano dalla sedia quando viene loro presentata una signora e chiamano tutti per nome (una fastidiosa abitudine ereditata dagli americani). Sto generalizzando, ovviamente: esistono delle eccezioni, anche se rare.

Ma sono anche cordiali, onesti, puntuali, ligi nell'osservare leggi e regolamenti, spiritosi, collaborativi, puliti, rispettosi dell'autorità, bravi a guidare (ma anche in questo, le eccezioni non mancano), nazionalisti, politicamente scorretti (che meraviglia!) e sinceramente timidi. Amano anche l'arte e bere il caffè gratis.

Ho riflettuto a lungo sulle definizioni che ho appena dato, e mi rendo perfettamente conto che esse richiedano analisi e spiegazioni più approfondite per evitare che, isolate dal contesto, vengano fraintese e considerate offensive – e l'ultima cosa che vorrei è, appunto, sembrare offensivo.

Ho già detto di quel tale che, fuori dal supermercato, se ne stava seduto in auto mentre sua moglie arrancava dall'altra parte della strada con una cassa di birra e alcune borse della spesa in mano, per poi caricarle nel bagagliaio da sola, mentre, ripeto, il presunto marito se ne stava beatamente seduto ad aspettare. Non era certamente un caso isolato. In tempi lontani l'uomo lavorava nella foresta per fornire alla famiglia il suo magro sostentamento quotidiano, poi tornava a casa aspettandosi che la moglie avesse lavato i panni e cucinato, dopo essersi presa cura dei bambini, degli animali, dell'orto, ed aver infornato il pane, raccolto i frutti di bosco, sgombrato la neve dal sentiero e nutrito le galline. Queste antiche abitudini hanno lasciato una visibile impronta sulla vita di oggi.

Mi ricordo di una volta, anni fa, quando degli amici ci portarono a visitare il museo di Verla. Questo museo si trova sul luogo di un'antica cartiera che l'UPM (una delle aziende *leader* nel settore) circa cinquant'anni fa decise di chiudere, trasformandola poi in un museo sull'epoca industriale della Finlandia del dopoguerra. Il luogo viene regolarmente visitato da finlandesi e da turisti stranieri provenienti da ogni parte del mondo, ed un pezzo di storia della cartiera e degli operai che vi avevano lavorato viene illustrata da filmati, proiettati in diverse lingue ad intervalli regolari in uno degli ex- magazzini.

Seduti nel grande (e freddo) capannone, che una volta era adibito a deposito per il prodotto finito, guardando le immagini in bianco e nero che passavano sullo schermo montato su un muro di mattoni, rimanemmo sbalorditi vedendo come gli uomini, finito il proprio turno di lavoro nella cartiera, andassero a casa, imbrigliassero le proprie mogli, attaccandole ad un aratro per poi spingerle su e giù per i campi per arare e seminare. Le donne erano i muli da soma della famiglia. Se non altro, fortunatamente non venivano frustate. E questo accadeva solo sessant'anni fa, quando il piano Marshall, che si proponeva di ricostruire l'Europa dopo la guerra, era già in atto e quando i primi apparecchi televisivi avevano già fatto la loro comparsa in numerosi paesi.

Questo non significa che la Finlandia fosse arretrata, ma solo che l'atteggiamento mentale di una società basata sul duro lavoro era ancora così radicato, da resistere fortemente al cambiamento. Le persone erano ancora solo preoccupate di soddisfare il bisogno primario di mettere il pane in tavola e non si potevano permettere finezze dettate dall'etichetta. Uomini e donne dovevano entrambi lavorare sodo, e tutto ciò che era necessario alla sopravvivenza doveva essere afferrato quando era possibile, in qualunque modo, oppure sarebbero stati altri ad impossessarsene.

Questo abito mentale si è tramandato attraverso le generazioni fino ad oggi, e sebbene la possibilità di viaggiare e il raggiungimento di un ottimo livello di istruzione stiano rapidamente cambiando le cose, la società finlandese è ancora ego-riferita, e la considerazione per gli altri (quando non è imposta dall'autorità) è scarsa. L'individualismo continua a prevalere. E' un lascito che viene dal passato, dalla vita nelle foreste, in cui il contatto con gli altri finlandesi era limitato, e la necessità predominante era quella di sopravvivere alle aspre condizioni di vita e alle intemperie invernali.

Anni fa una persona che vive in una piccola comunità nella foresta ci raccontò un aneddoto che la dice lunga sullo spirito delle campagne finlandesi. Se nel proprio terreno passava un torrente e nelle sue acque si trovava della segatura, si decideva di intraprendere una guerra contro coloro che, vivendo più a monte, avevano deciso di rendersi visibili in tal modo al vicino sottostante. L'invasore costituiva una minaccia.

Alcuni finlandesi amano indugiare sul proprio duro passato, ammantandolo di romanticismo e facendone un motivo di orgoglio, una differenza che li contraddistingue dal resto del mondo. A chi li conosce solo superficialmente, questo autocompiacimento nel ricordare la povertà del loro passato e le fatiche sostenute dai loro avi per affrontarlo, può risultare noioso. La verità è che cento anni scarsi di storia come nazione sono un lasso di tempo incredibilmente breve per dimenticare secoli di avversità, soprattutto da parte di una società cresciuta nell'isolamento e nella paura, - paura dell'est e dell'ovest, ma anche paura della fame. Va anche detto che le condizioni climatiche della Finlandia possono essere così terribili ed estreme da rendere la propria casa il solo mondo accettabile e comprensibile. Non c'è nient'altro che conti all'infuori della propria casa. Questo è un concetto che il turista di passaggio, che si gode la sauna-modello e il classico buco nel ghiaccio) o la famiglia che va alla ricerca di Babbo Natale in Lapponia (tutte cose costruite a beneficio dell'industria turistica), non sarà mai in grado di capire.

Per sei mesi all'anno il terreno è gelato e si trasforma in uno strato solido di cemento, coperto da una spessa coltre di neve dove non può crescere nulla. I laghi diventano immensi blocchi di ghiaccio dove pescare è impossibile – beh, quasi impossibile. Si possono sempre scavare dei buchi nel ghiaccio...

Parlando di buchi nel ghiaccio, anche noi varie volte ci cimentammo in quest'impresa, utilizzando un trapano che Celia mi aveva regalato per il mio compleanno. Scavare il buco nel ghiaccio fu un lavoro estremamente arduo e sentire il meraviglioso rumore dello spruzzare dell'acqua quando la punta tagliente del trapano, dopo tanto penare, finalmente la trovo', fu davvero appagante e gratificante. Quando si riesce a perforare lo strato di ghiaccio, di uno spessore anche fino a ottanta o novanta centimetri, l'acqua compressa sotto la superficie fuoriesce e gorgoglia per alcuni secondi, e il suo rumore riempie di soddisfazione.

Ci sedemmo su due sedie pieghevoli al sole gelido, le nostre corte canne da pesca in mano, e facemmo esattamente come ci avevano detto gli amici: sollevammo la canna a intervalli regolari, liberandola dal ghiaccio e assicurandoci di gettare l'amo in profondità, dove sembra che vadano i pesci per trovare acque più tiepide. Non pescammo nulla, nonostante avessimo imitato i gesti di altri pescatori improvvisati che avevamo notato in precedenza dalla nostra finestra. Li avevamo visti cambiare posizione di tanto in tanto, alla ricerca di nuovi posti. Immaginavamo il lago trasformarsi prima in un colabrodo e poi rompersi per via del gran numero di buchi che avevano perforato la superficie. Forse i pesci non capivano la nostra lingua, o forse erano congelati sul fondo del lago senza l'energia per risalire verso le esche colorate che avevamo comprato. Non pescammo proprio nulla.

Una volta chiesi ad un amico che cosa sarebbe successo se, per un colpo fortunato della sorte, qualcuno avesse pescato un pesce troppo grosso per passare dal buco nel ghiaccio. La risposta immediata – data con un volto serio e imperscrutabile – fu, "Bisogna aspettare la primavera, quando si sciolgono i ghiacci". E poi si dice che i finlandesi manchino di senso dell'umorismo!

Tornando alle avversità dell'inverno, molti uccelli migrano a sud ed altri animali vanno in letargo. Nei vecchi *cottage* in legno delle foreste, che si trasformano in frigoriferi con le finestre ghiacciate, le famiglie possono sopravvivere solo stando attorno agli enormi camini che non smettono mai di bruciare legna. Andare a fare la spesa diventa un'avventura poiche' le strade dal fondo duro e sconnesso si trasformano in piste da sci. Le vecchie pompe dell'acqua dei giardini, azionate a mano, non funzionano più, bloccate dal ghiaccio. In questi *cottage* le persone vivevano e invecchiavano, i volti solcati dalle rughe causate dalla lotta contro i capricci e la crudeltà degli agenti atmosferici.

Non c'è da stupirsi se i finlandesi hanno un aspetto austero. Non c'è molto da ridere, se si vive nella situazione che ho appena descritto; e non c'è da stupirsi che molti film finlandesi mostrino ancora le pene dei soldati durante la Guerra d'Inverno e le tribolazioni degli abitanti delle foreste impegnati a sopravvivere a così dure condizioni di vita, da sopportare dalla nascita fino alla morte.

L'elemento positivo che emerge da tutto questo, è il senso di unità e di orgoglio nazionale, cosa che rende i finlandesi davvero unici nel contesto delle altre nazioni moderne. Tutti i finlandesi si sentono davvero finlandesi e orgogliosi di esserlo. Il rispetto che nutrono per la loro bandiera e per le loro istituzioni è ammirevole. Molte case (inclusa la nostra, dopo che ne piantammo uno in cima al nostro piccolo appezzamento di terreno) hanno nel loro giardino un palo per issare la bandiera nazionale bianca e blu e nelle giornate indicate sul calendario come "Giornate della Bandiera" (particolari celebrazioni o festività, ricorrenze storiche e così via), la si vede sventolare con orgoglio. Anche noi abbiamo preso quest'abitudine, ma facciamo sventolare anche la bandiera britannica in occasioni speciali, come i compleanni e le riunioni di famiglia . E' una cosa che ci piace fare, e vedere il nostro drappo bianco, rosso e blu agitarsi al vento ci inorgoglisce molto.

Lonroth e Snellman ebbero sicuramente il merito di aver creato la lingua nazionale, ma nella loro impresa furono facilitati da quel sentimento di unità che le comunità già possedevano, pur non essendo in grado di esprimerlo in modo coordinato. Ogni finlandese ha un vicino, e ogni vicino è un finlandese. Noi per "vicini" intendiamo le persone che abitano nell'appartamento accanto al nostro o nella casa di fronte, o nella nostra strada. In Finlandia invece viene considerato tale chiunque abiti nell'ambito del confine amministrativo di una comunità (una comunità che può estendersi per parecchi chilometri in qualunque direzione a partire dalla città o dal villaggio centrale). E i vicini di solito sono lì per aiutare e portare conforto. Con i vicini si spettegola, si fa la sauna, si va a pesca. Le antiche comunità dei cacciatori-raccoglitori in realtà sono cambiate nelle dimensioni ma non nello spirito.

Uno degli aspetti più divertenti della psicologia finlandese è la frase che ho sentito tante volte da persone che non hanno un impiego vero e proprio: "Sono un uomo d'affari". Questo strano significato attribuito alla parola "affari", un concetto che sembra essere così importante nelle comunità dei villaggi, implica che qualsiasi attività di compravendita - avvenga questa su una bancarella del mercato o a una fiera di paese - sia sufficiente a qualificare una persona "uomo (o donna) d'affari". Tali "uomini e donne d'affari" non indicono quindi riunioni, ma intavolano discussioni e, invece di stabilire un prezzo, si aspettano che la parte contraente faccia loro un'offerta sulla merce da acquistare.

"Ok, allora fammi un'offerta." Questo è il modo in cui di solito si svolge una compravendita. Così si cade nella trappola; si fa un'offerta che il venditore considera troppo bassa, e fine della contrattazione. Non c'è possibilità di negoziare o di riformulare l'offerta. *Loppu!* Basta! Fine del discorso! E' un modo interessante di condurre gli affari.

Io stesso ho avuto alcune esperienze a questo riguardo. La prima volta fu quando accennai a Juhani che eravamo interessati a comprare la sua casa, presa in affitto da otto anni prima.sempre interessato a far soldi, Juhani non tardò a rispondere. "Ok, fammi un'offerta." Mi sembrò un approccio davvero strano, un modo di fare in cui non mi ero mai imbattuto durante i miei molti anni di esperienza nel mondo dell'imprenditoria e del *marketing*, e non sapevo minimamente da che parte cominciare. Quale poteva essere un ragionevole valore di mercato della casa? Quanto avrei dovuto offrirgli? Doveva essere una somma non eccessiva, in modo da essere attraente per me e allo stesso tempo sufficientemente alta per interessare lui.

Decisi di telefonare alla mia banca per spiegare il dilemma in cui mi trovavo. Il direttore della filiale del villaggio un giorno venne da noi, insieme a un immobiliarista della banca, per cercare di stabilire il valore della proprietà secondo i prezzi di mercato. I due studiarono sia l'interno che l'esterno della casa. Diedero un'occhiata al giardino e alla parte del terreno prospiciente il lago. Parlarono fra loro escludendomi dalla discussione. (Beh, non sarei comunque stato in grado di interloquire in finlandese.) Dopo un po' si spostarono sul vialetto d'accesso e, schiena contro schiena, scrissero entrambi su un foglio di carta la valutazione che ognuno di loro, separatamente, aveva stabilito. Mi sottoposero le due cifre (che erano praticamente identiche) e infine decretarono che l'offerta da fare a Juhani dovesse basarsi su quegli importi, con un margine di flessibilità del dieci per cento, per eccesso o per difetto.

Per quanto mi sembrasse un modo piuttosto inconsueto di procedere, dovetti convenire che tutto era stato fatto in modo ineccepibile e preparai un'offerta scritta in cui, oltre a proporre una cifra, spiegavo come fossi arrivato a calcolarla. Descrivevo quindi quelli che ritenevo essere i piccoli difetti della casa, attribuibili principalmente al fatto che l'edificio, essendo stato costruito più di vent'anni prima, era stato a lungo esposto al sole, al vento e alla neve. In Inghilterra, prima di prendere anche solo in considerazione l'idea di un possibile acquisto, si sarebbe chiamato un perito che avrebbe proceduto a una valutazione accurata e poi steso un rapporto scritto.

Naturalmente Juhani rispose con un secco rifiuto e si offese per alcuni dei miei commenti, soprattutto quelli che riguardavano macchie di umidità nella stanza per la doccia, le condizioni del tetto, il fatto che il terreno prospiciente il lago non sembrasse far parte della proprietà e così via. E questa fu la fine della contrattazione. Nessun margine per ulteriori discussioni o negoziazioni. La mia più che ragionevole offerta, fatta in assenza di una proposta di vendita, fu scartata. In realtà non ebbi mai una risposta formale da Juhani: fui solo avvertito da sua nuora (la nostra vicina) che l'offerta era stata rifiutata. Juhani dopo questo episodio non mi parlò per alcuni mesi. I finlandesi riescono ad essere molto orgogliosi.

Ci volle più di un anno perché Juhani improvvisamente ripensasse alla questione e mi contattasse, questa volta chiedendomi se fossimo ancora interessati all'acquisto della casa. Finalmente ci propose la cifra a cui era disposto a vendere. Questa era una modalità diversa, una modalità a me molto più familiare. La transazione assunse un aspetto differente e un tono molto più ufficiale, e alla fine, dopo un incontro nel cottage di Juhani e Iris, sul lago, raggiungemmo un accordo. Durante quell'incontro a un certo punto Iris uscì dalla stanza, preoccupata dalla possibilità che Juhani e io potessimo addirittura litigare. Sta di fatto che i finlandesi non sono preparati a uno scambio d'idee diretto e preferiscono andarsene a brontolare dietro le quinte piuttosto che esprimere apertamente le loro opinioni o sostenere le loro ragioni, preoccupati che la controparte non rivolga più loro la parola.

Quando Iris si rese conto che le voci che sentiva dal salotto erano degli scoppi di risa, provocati da qualche mia battuta di spirito che aveva lo scopo di alleggerire l'atmosfera, tornò nella stanza, sollevata e ci offrì una bibita e delle fette di torta.

Era stata un'esperienza. Come del resto era stata un'esperienza vedere come si svolge la compravendita di una casa in Finlandia. Si compra quello che si vede. E' inutile sollevare dubbi sullo stato dell'edificio o ispezionarlo nei dettagli. Quella è la cosa in vendita. Prendere o lasciare. Se le condizioni della casa non soddisfano, allora si dovrà cercare altrove. Punto e basta. Ci sarà qualcun altro disposto ad acquistarla così com'è. Va anche detto che una volta che il venditore e l'acquirente si sono messi d'accordo, tutto è molto semplice. Non ci sono avvocati a ritardare il processo di vendita, nè agenti immobiliari a complicare le cose. E' un accordo che si svolge unicamente fra le due parti interessate e, quando il documento di compravendita è stato verificato e firmato da un notaio, si può concludere il tutto in pochi giorni. E' un esempio dell'assenza di burocrazia e del carattere schietto e diretto dei finlandesi.

Ma le cose possono essere meno semplici quando i finlandesi si mettono alla guida di un'auto.

La Finlandia ha prodotto alcuni fra i migliori campioni di automobilismo al mondo – un enorme successo considerato lo scarso numero dei suoi abitanti. Non mi riferisco solo ai tre campioni di Formula Uno, ma ai molti campioni di *rally* che sono diventati marchi di fabbrica per i *fan* dell'automobilismo mondiale. Penso si possa certamente dire che, in rapporto alla popolazione del Paese, la Finlandia sorpassi la Gran Bretagna, l'Italia e la Francia sia nella Formula Uno che nel *rally*. Le strade delle foreste, con le loro difficili condizioni di guida sia in estate che in inverno, costituiscono un perfetto terreno d'addestramento su cui i finlandesi si cimentano fin da ragazzi e le gomme chiodate, obbligatorie nei lunghi mesi di neve e di ghiaccio, consentono di acquisire un estremo e quasi naturale controllo in situazioni che sono straordinarie per i non finlandesi.

Tutte le strade di campagna sono una sfida per chi guida, d'estate perché sono coperte dalla ghiaia che viene sparsa in previsione della neve e del ghiaccio nei mesi invernali perché il terreno è, appunto, coperto dalla neve.

Mi ricordo ancora il mio shock quando guidai su una di queste strade, la prima volta che ci avventurammo fuori dal nostro villaggio e decidemmo di visitare la campagna circostante. Era una giornata di fine estate: la strada era stata coperta da uno strato di ghiaia, sassolini disseminati dappertutto che aspettavano solo di affondare nel terreno tra due o tre mesi, quando l'autunno avrebbe ceduto il passo all'inverno. Lasciata la strada asfaltata, mi ritrovai a guidare su uno strato instabile di ghiaia che rendeva difficile e pericoloso sia sterzare che curvare. Ciliegina sulla torta, sembrava un ottovolante che seguiva la natura collinosa del terreno. Come molte strade di campagna, ci rendemmo conto che era stata stesa semplicemente abbattendo gli alberi che etrano di ostacolo: non girava intorno alle colline o ai dossi,

111

ma seguiva la superficie sconnessa del terreno. Qualche volta i dossi erano così alti che non riuscivo a vedere cosa ci fosse dall'altra parte - inevitabilmente una curva difficile. Fu la lezione di guida migliore della mia vita, ma per lo meno la strada era vuota.

Proprio così. Fuori dalle città principali le strade sono vuote. Si può guidare per decine di chilometri senza incontrare nessun altro veicolo, in entrambe le direzioni, così la concentrazione va facilmente a farsi benedire; la mente vaga alla ricerca di alci o di orsi che potrebbero spuntare dai folti boschi rocciosi, va a ricordi passati di periodi di vacanza con i bambini, a quello che ci aspetta a tavola la sera seguente, agli amici e così via. Cambiare marcia non è necessario; le curve che richiedono concentrazione sono poche, non ci sono semafori né altre auto a cui dover fare attenzione. Ed è allora che possono succedere cose interessanti, come addormentarsi al volante o essere improvvisamente sorpresi da un alce che attraversa la strada. Le sue lunghe gambe danno quasi l'impressione di essere disarticolate, quando lo si vede camminare di sghimbescio mentre esce dal bosco, incurante dell'ignaro guidatore che potrebbe trovarsi sulla strada proprio in quel momento. In Finlandia i tragici incidenti causati da questi animali semi-ciechi, che decidono all'improvviso di attraversare la strada per spostarsi da un bosco all'altro, sono fra le principali cause di mortalità. Qualche volta anche noi li abbiamo visti salire a livello della strada e attraversarla silenziosamente, maestosi d'aspetto, occasionalmente seguiti dai piccoli, ed abbiamo dovuto rallentare per evitare lo scontro. Fortunatamente li abbiamo sempre notati in tempo e da una ragionevole distanza, ma spesso, al crepuscolo, quando cercano le pozze d'acqua, il pericolo può essere serio e mortale.

Fuori dalle strade e nelle foreste, gli alci sono animali placidi che si preoccupano solo di brucare l'erba e di rovinare gli alberi mangiandone la corteccia, tenendosi a distanza dagli esseri umani. Sono abilissimi nel mimetizzarsi fra gli alberi e fra i cespugli, e si riconoscono con difficoltà. Ne abbiamo visti alcuni, forse una mezza dozzina, negli anni che abbiamo trascorso in Finlandia; una coppia con i piccoli che ci fissavano da dietro un tronco d'albero, curiosi e allo stesso tempo sospettosi; un paio di "adulti" che si nutrivano di bacche in un'altra occasione... gli incontri sono rari.

Sono cresciuti in modo incontrollato negli ultimi vent'anni ed il governo ha adottato una prudente politica di abbattimento, stabilendo un numero ufficiale di esemplari da eliminare, affidando il compito a personale specializzato ed a cacciatori consumati. che in ottobre e in novembre pattugliano le foreste, portando il quasi obbligatorio berretto rosso, in modo da essere riconosciuti anche a distanza e non gli si spari addosso per errore. Questa politica intelligente sta dando i suoi frutti, e almeno nei prossimi anni a venire gli alberi e le foreste saranno preservati, e chi guida si sentirà più tranquillo.

Senza il problema del traffico, i conducenti si rilassano al volante, azionano il pilota automatico e lasciano che l'auto se la sbrighi da sola. Ma solo fino a quando non raggiungono una rotatoria. E si, le rotatorie sono ancora un peculiare elemento di novità in Finlandia, Sono state introdotte infatti solo negli ultimi dieci anni ed a tutt'oggi non funzionano come dovrebbero a causa del comportamento stradale degli automobilisti, incapaci sia di utilizzarle correttamente, sia di far capire le loro intenzioni alle altre auto. Il fatto che quello che una volta era un normale incrocio fra strade a grande scorrimento sia ora diventato una rotatoria, crea confusione. Un esempio a tal riguardo è all'ingresso di Jamsa, dove la strada per Jamsa interseca quella per Tampere/Jyvaskyla dove cosi' spesso in passato si sono verificati incidenti perché i conducenti provenienti da sud, sulla la strada che scende verso Jamsa, non si sono fermati in tempo.

Un nostro amico, proprietario di un albergo nelle vicinanze, dopo un soggiorno in Inghilterra durante il quale rimase estasiato dalle frequenti rotatorie, fece pressione sulla municipalità perché ne costruisse una nel famoso e pericoloso incrocio vicino all' albergo. Sperava che in questo modo il numero di incidenti diminuisse e che il suo albergo smettesse di servire da pronto soccorso improvvisato. Ci riuscì ed una rotatoria fece la sua comparsa, con al centro un alto monumento in pietra che rappresenta un grande rotolo di carta, omaggio a un paio di cartiere locali che hanno stanziato fondi per la sua realizzazione. Ma qui comincia il bello. I conducenti, confusi, non sapevano dove andare e che cosa fare. Di sicuro non bisognava andare dritti, ma si doveva forse fare tutto il giro? E gli indicatori di direzione? Se sì, quale dei due usare? Quello destro o quello sinistro?

Ormai abbiamo capito che la cosa migliore da fare, arrivando a una rotatoria, è fermarsi e poi procedere solo quando non ci sono altre auto in vista. Non si può mai sapere quale sia l'intenzione dei conducenti sulla direzione da prendere, e cercare di indovinarla in assenza di lampeggianti può essere disastroso. Abbiamo visto conducenti girare tutt'intorno e poi tornare al punto di partenza, senza usare gli indicatori di direzione. Abbiamo visto conducenti usare l'indicatore sinistro per svoltare a destra e viceversa. Abbiamo visto conducenti svoltare a destra o a sinistra per poi arrestarsi a metà strada, cambiare idea e proseguire dritti senza alcuna segnalazione.

Jamsa ora è piena di rotatorie e, dato lo scarso traffico di una cittadina di campagna, questa dovrebbe essere la soluzione ottimale per evitare imbottigliamenti e tamponamenti. Forse in futuro sarà così. Per il momento possono essere ancora causa di incidenti se non grazie al fatto che tutti vi si avvicinano con estrema cautela e a bassa velocità.

E' un po' come nei parcheggi. Partiti da un tranquillo villaggio vuoto, dopo aver percorso una lunga distanza su una strada deserta, dove il solo pericolo è rappresentato dalle persone anziane che sorpassano per poi guidare a passo di lumaca, incuranti di quello che succede intorno a loro, il conducente finlandese arriva a destinazione e deve parcheggiare l'auto fra altre auto. Se nel parcheggio in quell'istante ce ne sono diverse in movimento, la confusione regna sovrana. Tutti si fermano, non sapendo prevedere cosa farà e dove andrà l'altro. Seguono lunghi attimi di esitazione e di paura. Noi troviamo questa situazione divertente e piacevole; l'unica cosa da fare è aspettare con pazienza. Dopotutto, cosa sono pochi minuti nell'arco di una vita? Abbiamo dovuto convivere per anni con il traffico e i ritmi frenetici delle grandi città – Londra, Milano, New York e Parigi – dove sono tutti pazzi. Dopo molti anni di Finlandia stiamo iniziando a imparare. In ogni caso gli automobilisti finlandesi sono o eccezionalmente bravi o molto lenti ed esitanti. Non ci sono mezze misure.

Abbiamo scoperto che nella campagna finlandese ci si può perdere con facilità.

Agosto è il mese del *rally* nella Finlandia centrale. Una volta si chiamava il *Rally* dei Mille Laghi e faceva tappa nel nostro villaggio l'ultima settimana di agosto. Ora si chiama *Neste Rally* (dal nome di una grande compagnia petrolifera che sponsorizza l'evento) – e da noi fa tappa all'inizio di agosto. Nei weekend del *rally* il nostro villaggio, un luogo tranquillo e addormentato che conta circa tremila anime, si trasforma in un parcheggio congestionato e rumoroso per le motociclette, i *camper* e le *roulotte* degli spettatori, che lasciano sempre dietro di loro una quantità incredibile di spazzatura e di lattine di birra.

Molti anni fa, andammo a vedere una delle frazioni del *rally* con Tuomo, provammo in persona il clima di eccitazione creato dalle auto colorate che al loro passaggio facevano tremare il terreno con rumore assordante, senza silenziatori. Deve essere la sola corsa automobilistica al mondo in cui gli spettatori camminano lungo la pista, costituita dalle strade di campagna, spostandosi solo all'ultimo momento all'avvicinarsi delle auto, avvisati solo da un fischio del commissario di gara. E' una vera follia.

Le auto andavano e venivano in uno spazio di pochi secondi a una velocità pazzesca, annunciando il loro arrivo con un piccolo terremoto e poi scomparendo dietro a una nuvola di polvere e di ghiaia. Sfrecciavano via una dopo l'altra, alcune più veloci di altre. Non abbiamo nessuna intenzione di ripetere quest'esperienza, scomoda, polverosa e pericolosa. I migliori punti di osservazione sono di solito nei pressi delle curve, proprio dove è possibile che le auto perdano il controllo e vadano fuori strada. Come succede per i tori lasciati liberi di correre per le strade di Pamplona, sono proprio gli elementi di rischio e di sfida alla morte ad attrarre i tifosi di questo sport.

Un'estate decidemmo di fare un giro in auto durante un weekend in cui si svolgeva il *rally*. Fu una pessima decisione. Sentivamo il ronzio degli elicotteri che sorvolavano la zona per tenere d'occhio le piste e gli spettatori, e decidemmo di non svoltare in una delle tante stradine che portavano verso il luogo di partenza e di arrivo della gara. Facemmo un bel giro nella campagna e vedemmo posti nuovi, tutti con i loro piccoli *cottage* in legno e le loro saune, in boschi magnifici e rigogliosi, di quel colore verde lucido tipico della vegetazione estiva.

Al ritorno decisi di prendere una strada secondaria, credendo di sapere con precisione in che direzione andare, quando improvvisamente notammo persone di ogni età sedute fuori dalle loro case o appoggiate ai cancelli dei loro giardini; chiacchieravano e sorseggiavano un *drink* in modo rilassato, come in attesa che succedesse qualcosa. Di sicuro non stavano aspettando noi, pensammo, una coppia di anziani inglesi che si godevano la loro gita domenicale, così non rivolgemmo loro nessun cenno di saluto.

All'improvviso la strada si trasformò in uno stretto sterrato dove tutti camminavano nella stessa direzione, e poco dopo fummo fermati da un giovane che indossava la tipica casacca fluorescente che conferisce autorità a chi normalmente non ne ha nessuna. Ci ordinò di parcheggiare in fondo ad una lunga fila di auto allineate ai margini della strada, con le ruote a sinistra pericolosamente vicine ad un fossato. Non c'era modo di proseguire. Si avvicinarono due altri individui perfino più giovani del primo, con indosso lo stesso giubbotto giallo senza maniche che dava loro un'importante aria da "commissari di gara". Ci dissero in un inglese stentato, inframmezzando le frasi con degli sputi per terra, che il punto di partenza della gara era proprio alla fine della strada, e che non avremmo potuto proseguire fino a che tutte le auto da corsa non fossero passate per raggiungere la linea di partenza. Le nostre suppliche non servirono a convincerli neppure a darci il permesso di tornare indietro. Celia aveva programmato di cenare presto quella sera e volevamo solo tornarcene a casa.

Dopo di noi continuarono ad arrivare altre auto; la fila di auto parcheggiate dietro la nostra divenne così lunga da bloccarci definitivamente e la nostra speranza di poterci muovere da lì svanì del tutto . Ci intrattenemmo in conversazione con uno dei due individui che sembrava dirigere le operazioni, cosa che gli dava il privilegio di tenere in mano una radio ricetrasmittente. Ci rassegnammo ad accettare la situazione, rendendoci conto che quella che nelle nostre intenzioni doveva essere una breve e piacevole gita, stava per trasformarsi in un pomeriggio lungo e stanchevole. Oltretutto non eravamo minimamente interessati al *rally*.

Quattro o cinque auto di tutti i colori immaginabili, con i marchi degli *sponsor* in evidenza, passarono a bassa velocità, emettendo comunque un rumore frastornante. I piloti non si curavano minimamente della nostra presenza, cosa che trovai piuttosto offensiva: in fin dei conti eravamo stati sequestrati a causa del loro sport. Improvvisamente e senza alcuna spiegazione, dopo alcuni scambi di informazioni alla radio, il "capo commissario di gara" ci disse che ci avrebbe aiutati a girare l'auto nella stradina per poter tornare indietro. Avremmo dovuto però procedere molto lentamente, con I quattro lampeggianti in funzione e tenendoci il piu' possibile al margine della strada perchè i concorrenti stavano ancora arrivando sulla stessa strada, nella direzione opposta, per raggiungere il punto di partenza della gara.

Girare la nostra piccola *Nissan* nel poco spazio disponibile non fu facile, ma i due giovani, che via radio avevano informato gli organizzatori della nostra presenza ma in direzione opposta ai concorrenti, - furono molto collaborativi e, fra gli sputi che costellavano le loro mezze frasi in inglese, ci fecero segno di partire. Cercai di procedere il più vicino possibile al margine della strada ed il più lentamente possibile, con le quattro frecce lampeggianti come mi avevano detto di fare. Quando però vidi sopraggiungere, benché a bassa velocità, due o tre auto da corsa, devo ammettere di essermi sentito alquanto a disagio; il pensiero di trovarmi sulla stessa strada che un campione del mondo stava percorrendo in senso opposto per iniziare la sua gara, mi fece sentire, se possibile, ancora più a disagio. Fui molto sollevato quando raggiungemmo la svolta che avevo mancato in precedenza e prendemmo la strada giusta per ritornare a casa.

Sono certo che i giornali sportivi il giorno dopo debbano aver riportato nei loro articoli che una coppia di anziani inglesi in una piccola *Nissan* grigia si erano trovati praticamente a gareggiare con gente del calibro di Tommi Makinen e di Colin McRae in una tappa del *Neste Rally*!

. . . .

Anni fa poco tempo dopo aver conosciuto, Aulikki alla sua mostra di pittura, organizzata in estate nella sua bella e appena restaurata fattoria nella foresta , fummo invitati da lei e da suo marito, insieme ad altri amici, a una serata musicale natalizia, benché il Natale fosse ormai passato da alcuni giorni. Avevamo subito simpatizzato con Aulikki, sin dal momento in cui l'avevamo vista sui gradini della sua casa in quel caldo pomeriggio di agosto. Camminavamo in giardino, ammirando i suoi quadri sparsi nei vari edifici esterni che facevano parte della casa, insieme ad altre persone venute da varie parti della Finlandia per vedere la piccola mostra. Ci presentammo, e lei rimase piacevolmente stupita che la sua fama di pittrice avesse richiamato anche degli inglesi. Parlava un buon inglese, pieno di espressioni perfette e formali, forse non troppo colloquiali ma tipiche di una persona ben istruita che mira alla perfezione in tutto quello che fa. Era alta, bionda, i capelli tagliati corti, ed era a piedi nudi. Avendo vissuto negli Stati Uniti, in Brasile, in Svizzera e in Africa, aveva l'aria della moglie di un colonnello al tempo delle colonie, con quel tipico senso di timidezza e allo stesso tempo di eccessiva sicurezza che la rendeva gradevole e interessante. Facemmo amicizia, e lei e suo marito sono tuttora fra i nostri più cari amici finlandesi.

Quando ricevemmo l'invito non sapevamo che cosa aspettarci. Il Natale era passato ormai da più di una settimana, ma ci avevano detto che avremmo cantato anche alcune arie natalizie. Sapevamo che i finlandesi amano cantare in gruppo durante le cerimonie, ai funerali, ai matrimoni, e durante le feste in casa. Eravamo stati in alcuni ristoranti in cui il proprietario aveva tutt'a un tratto cominciato a intonare meravigliosi canti tradizionali, senza la più piccola ombra di imbarazzo o timidezza. Sapevamo che il cantare in gruppo per i finlandesi rappresenta un modo di esprimere senso di appartenenza e solidarietà.

Arrivammo a casa di Aulikki, dopo un viaggio da far paura, su una strada di campagna, buia e coperta di neve, che sembrava un ottovolante dove, se non si faceva attenzione, si rischiava di incastrarsi fra ripide colline e avvallamenti del terreno. Alcune auto erano già parcheggiate ai bordi della strada nella notte glaciale. La casa era calda e accogliente, e dopo un giro per le presentazioni di rito attorno alla grande *tupa* , dove gli ospiti erano seduti sulle lunghe panche di legno rese lisce e scavate da secoli di utilizzo da parte di centinaia di posteriori umani ci furono distribuiti i fogli con le parole delle canzoni selezionate da Aulikki.

Cominciammo a intonarne qualcuna, accompagnati dalla chitarra di suo cognato. Alcune erano arie natalizie molto note, e a noi familiari. Altre erano vecchie canzoni popolari che di solito trattavano delle difficoltà della vita nelle foreste e del duro lavoro necessario per sopravvivervi. Altre avevano ancora come tema la crudeltà della guerra che si era portata via la vita dei propri cari. Alcuni erano motivi allegri, il cui argomento erano i semplici giochi all'aperto dei bambini che, gioiosi e a piedi nudi, aspettavano di gustare torte o pane di segale infornate nel grande camino della *tupa*. Molti motivi ci erano invece sconosciuti ed anche le arie natalizie più famose sembravano diverse in finlandese. Cercammo veramente di fare del nostro meglio per leggere le parole stampate sui fogli e seguire la musica, ma ci rendemmo conto che quasi sempre gli altri stavano già leggendo la riga successiva, mentre noi cercavamo ancora di districarci in quell'immenso numero di vocali e consonanti delle singole parole, con il risultato che rimanevamo sempre indietro. Ci divertimmo e passammo una bellissima serata. Ai finlandesi piace cantare.

Aulikki in seguito ci invitò spesso alle sue serate musicali che ora si tengono ogni anno e sono frequentate da persone che arrivano addirittura da Helsinki. Alla chitarra di suo cognato, si è aggiunta quella di un altro musicista. Il foglio con i testi delle canzoni è diventato più lungo ed è stilato in modo più professionale. Le parole in finlandese rappresentano per noi ancora le stesse difficoltà, ed abbiamo ancora problemi a stare al passo con gli altri. Ma ci divertiamo sempre moltissimo, ed ora sentiamo in qualche modo – dopo anni - di appartenere alla Finlandia e siamo pienamente in sintonia con lo spirito del cantare. Per questo popolo è un modo importante di sentirsi uniti.

.   .   .   .   .   .

La danza e il canto sono due occupazioni importanti per i finlandesi.

Cantare e recitare poesie sono modi per mantenere un legame con il passato e allo stesso tempo con gli altri. Mi ricordo di un giorno d'estate, anni fa, quando facemmo una gita in pullman nella Finlandia centrale, unendoci ad un gruppo di abitanti del luogo. Molti di noi avevano una certa età. (Sì, devo ammettere che ora considero me e Celia delle persone anziane). Ne conoscevamo alcuni, mentre altri erano visi nuovi.
Erano tutti cordiali e simpatici, nonostante gli iniziali volti austeri a cui eravamo ormai abituati. Non ho idea di chi avesse organizzato la gita. Per noi era solo una giornata all'aperto che ci dava l'opportunità di vedere luoghi in cui non eravamo ancora stati.

L'autista del pullman sembrava seguire una certa logica nel percorso e la prima sosta fu ad una specie di mostra d'arte all'aperto nella casa di un artista del luogo. Il posto era meraviglioso e il giardino di una bellezza mozzafiato. Gli oggetti esposti – orsi e aquile in legno, disseminati fra piante e fiori – non lo erano altrettanto, ma prendemmo un caffè accompagnato da fette di torta e avemmo così la possibilità di conoscere i nostri compagni di viaggio.

Dopo un'altra sosta, questa volta in una fabbrica di cuoio dove si producevano scarpe, visitammo la casa e lo studio di Kallela, rendendo una sorta di omaggio ad una delle figure più importanti del panorama artistico finlandese del primo novecento. La casa era splendida e imponente, con le sue colonne rotonde in legno, le sue alcove e le sue crepe nei muri e godeva di una meravigliosa vista del lago sottostante. Aveva però anche un aspetto cupo e misterioso soprattutto per via di molti grandi dipinti del famoso artista, che proveniva dalla Svezia ed aveva cambiato il suo nome, Gallen, in Kallela. Alcune delle opere appese alle pareti erano scene del *Kalevala*, raffiguranti personaggi inquietanti e immagini di guerra e di morte. Alcune opere piene di simbolismo e di mistero erano chiaramente influenzate dal suo interesse per la massoneria. Tutto questo ci venne spiegato da sua nipote e dal suo pronipote che molto gentilmente ci dedicarono il loro tempo per parlarci, in ottimo inglese, della vita del loro famoso antenato.

Facemmo poi una breve sosta alla fontana di Runeberg, il poeta più onorato nel panorama della letteratura finlandese. La sua statua campeggia al centro dell'*Esplanade* a Helsinki; sul calendario è perfino indicato il "Giorno di Runeberg", in cui di solito viene addirittura issata la bandiera nazionale. La "fontana", in realtà solo un piccolo stagno alimentato da un torrente sotterraneo in un luogo senza grande interesse, costituisce una sorta di simbolo nazionale. Il fatto che Runeberg abbia scritto accanto a questa pozza d'acqua alcune delle sue poesie, o che semplicemente vi si sia seduto davanti a contemplarla, la rende speciale per i finlandesi. Così tutti e venti ce ne stavamo lì, davanti alle sue acque torbide, quando qualcuno estrasse un libretto tascabile delle opere di Runeberg e cominciò a leggerne alcuni versi. Era tutto surreale ed allo stesso tempo commovente – venti persone di mezza età o addirittura anziane, in piedi davanti ad uno stagno, in un'apertura nell'oscurità del bosco, ad ascoltare in silenzio le poesie di Runeberg, una lettura in omaggio al grande poeta.

Al ritorno, sul pullman, tutti cantavano canzoni popolari, ed alla fine la signora che sembrava aver organizzato la gita, fece un breve discorso per ringraziare l'autista che ci aveva ricondotti a casa sani e salvi. Il discorso suscitò un applauso e all'autista, in segno di ringraziamento, fu offerta una piccola mancia. Lo spirito della comunità era evidente, e noi ci sentimmo parte della piccola congregazione.

Ci piaceva guardare regolarmente un programma televisivo che trasmetteva da Tampere le serate musicali estive. Si tenevano in un piccolo parco vicino ai vecchi edifici in mattoni di Finlayson – la tessitura che una famiglia inglese fondò a Tampere all'inizio del secolo scorso e che per molti decenni fu la più grossa industria locale - . Il pubblico era costituito da una grande varietà di persone; famiglie con bambini, turisti e abitanti del luogo. Qualche volta indossavano quegli impermeabili trasparenti di plastica distribuiti dagli organizzatori in caso di pioggia, quegli impermeabili che fanno sembrare le persone un po' ridicole, ma che possono tornare utili se il tempo improvvisamente cambia.

Il cantante sul palco era sempre una figura molto popolare, ilare e divertente, che riusciva senza nessuna difficoltà a contagiare il pubblico in platea e a farlo ondeggiare e cantare all'unisono, al ritmo della musica.

Lo schermo televisivo mostrava sempre il testo delle canzoni riga per riga; anche noi cercammo spesso di cantare dalle nostre poltrone, la maggior parte delle volte senza neppure riuscire a leggere le parole più lunghe (e non solo quelle), restando sempre indietro rispetto al resto del pubblico. Ma la cosa ci divertiva. Tutti quanti del resto avevano l'aria di divertirsi, accomunati dal fatto di cantare insieme nel parco di Tampere, sotto la pioggia o sotto il sole. Tutti si sentivano finlandesi.

Un'altra cosa che giovani e meno giovani adorano fare, quasi dappertutto, è ballare. Viaggiando in auto nella campagna finlandese, soprattutto il venerdì sera, capita spesso di vedere delle auto parcheggiate in un campo vicino ad un granaio di legno, nascosto fra gli alberi. Il vecchio edificio, spesso dismesso, brulica di persone che ballano al ritmo della musica suonata da una banda di musicisti del luogo. Le coppie ballano il liscio, con l'uomo che conduce la donna tenendola per la vita, la mano nella mano della donna. Nulla che assomigli alle danze moderne come il *rock* o il *rap*, ma solo tango, *one-step*, valzer, *quick-step* e così via.

Queste sale da ballo sono sempre affollate; le coppie si serrano una contro l'altra, alcune seguendo il ritmo della musica, altre completamente fuori tempo, ma non è questo che conta. L'importante è ballare e sentirsi parte di una piccola comunità finlandese.

Celia ha sempre odiato le danze tradizionali. Io le ho sempre amate. Ho cominciato a ballare seguendo l'istinto, accompagnando la mia prima *partner* all'età di quindici anni. Fu d'estate, in un piccolo villaggio sulle colline toscane, quando i genitori del compagno di scuola con cui trascorrevo le vacanze, invitarono alcuni amici nella loro vecchia fattoria ad una festa in casa. Gli amici portarono i loro figli ed io, riuscendo a superare la timidezza, invitai una ragazza carina - di nome Berta - a ballare sulle note della colonna sonora di "Scandalo al sole", un motivo molto popolare dei primi anni sessanta. I miei passi erano sicuramente sbagliati e frutto dell'improvvisazione e dell'entusiasmo, ma Berta e io riuscimmo a muoverci insieme con eleganza, seguendo il ritmo della musica. Fu una bella esperienza. Non ho idea di che fine abbia fatto Berta dopo quell'estate. Mi ricordo soltanto che suo padre era il direttore della banca locale.

Quando Celia entrò nella mia vita, riuscii a convincerla a ballare qualche volta, nonostante la sua riluttanza e le numerose lezioni di danza classica che aveva seguito da giovane. Le dichiarai addirittura il mio amore mentre la stringevo a me ballando sulle note del famoso motivo (famoso a quell'epoca) "Il leone si è addormentato", una canzone con forti sonorità africane. Credo che quella sia stata a anche l'ultima volta che Celia e io abbiamo ballato insieme. Forse Celia non ha mai superato lo shock della mia dichiarazione d'amore.

Non molto tempo fa visitammo Tampere con Eino e Pirkko per fare una spedizone di shopping e, dopo un pranzo a base di salsicce e crauti, decidemmo di prendere un caffè in un piccolo bar/ristorante " alternativo" dall'aria *hippy e bohémienne*. Era un posto anonimo con un banco da bar da un lato e alcuni tavoli disseminati in mezzo ad una grande quantità di piantine poste sul pavimento e sugli scaffali. Alcune assomigliavano molto a quelle "popolari" e molto apprezzate dalle comunità *hippy* in tutto il mondo, ma forse erano invece solo decorative e innocenti. C'era della musica nel sottofondo. Una giovane coppia, che sembrava uscita da un volantino californiano "Fate l'amore e non la guerra", mangiava un piatto di pasta ad un tavolo vicino e la ragazza, bionda e carina, gettò un'occhiata sorridente al nostro tavolo dove persone assolutamente comuni ed anziane si stavano gustando un caffè in allegria.

A un tratto Eino si alzò, tese la mano a Pirkko e la invitò a ballare. Ballarono in mezzo ai tavoli per alcuni minuti, provocando l'ilarità della giovane coppia – ed anche la nostra – e poi tornarono da noi a finire di bere il loro caffè, come se avessero fatto la cosa più naturale del mondo.

Ai finlandesi piace ballare.

Non credo di aver mai visto un popolo mangiare più velocemente dei finlandesi. Si ha l'impressione che i nostri orari di pranzo e di cena non coincidano mai con i loro, e che il nostro cibo non corrisponda ai loro gusti.

Abbiamo visto i finlandesi mangiare nei luoghi più disparati, da un posto che serve *hamburger* lungo la strada, accanto ad una stazione di servizio, ad un bel ristorante nel centro di qualche città di provincia. Indipendentemente da quello che scelgono e che ordinano, per i finlandesi il cibo è una cosa da ingerire nel minor tempo possibile, come una semplice necessità. Si ha l'impressione che il mangiare non sia un'occupazione piacevole, come accade per esempio in Grecia, in Italia, in Francia o in Spagna. (La Gran Bretagna si aggiungerà presto all'elenco, visti gli sforzi fatti da un vario numero di così detti *"chef"* che hanno ripetutamente cercato di trasformare una società nutrita a forza di fish and chips, di salsicce e piselli bolliti , in una amante della buona cucina. Ci stanno riuscendo finalmente).

Come si può "far" apprezzare la cucina a qualcuno, se il desiderio ed il gusto non fanno parte della sua vita? La cucina è il risultato e il prodotto di tradizioni, abitudini, di periodi di difficoltà e di felicità, di venti e di sole e di luna e di feste, di tragedie e di religioni e di rapporti familiari, di eventi storici e di catastrofi mondiali. Mangiare non significa solo nutrirsi. Mangiare è un modo di godere la vita, e non un orologio meccanico o digitale per nutrire il corpo.

Nei ristoranti alla moda di Helsinki la società è la stessa di quella di tutte le città del mondo; una societa' che apprezza i piaceri del buon vino ed i piatti preparati con cura, siano essi le lumache di Sgtringberg, un piatto di mare che si trova al mercato del pesce, o le piccole porzioni di qualunque cosa si ordini da *Sipuli*, dominato dalla vista dell'imponente Chiesa Ortodossa. La bevanda più diffusa è lo champagne, e si vede gente bella ed elegante dappertutto. Il ristorante dell'Hotel Kamp è sempre affollato, come del resto quasi tutti i ristoranti della città, dall'ottimo *Juri* a *Chez Dominique* o al moderno *Grillit* o a *Olo*. Siamo stati in innumerevoli buoni ristoranti sia a Helsinki, sia in alcune città lungo la costa sud, e abbiamo gustato una cucina eccellente di genere sempre diverso, attorniati da finlandesi che si godevano i loro pranzi luculliani. Grazie ai consigli di amici abbiamo provato molti ristoranti durante i nostri soggiorni a Helsinki, alcuni di atmosfera internazionale, altri di ambiente più strettamente finlandese. Alcuni sono molto esotici, come il *Shashlik*, con la sua sala buia e arredata in modo eccessivamente pesante che offre una calorosa (e rumorosa) atmosfera russa, con una graziosa cantante ed un musicista che suona la balalaika.

Ma Helsinki è Helsinki, una città internazionale che, come tutte le città internazionali, deve preoccuparsi dei turisti oltre che dei suoi abitanti. Fuori da Helsinki, da Tampere, da Turku e da Porvoo, cibarsi significa solo avere qualcosa di commestibile nel piatto che i finlandesi ingoiano, dimenticandosi di quello che le loro nonne cucinavano in un passato non poi troppo lontano. Si privano così dei piaceri di un *Kalakukko* (una terrina di pane e pesce terribilmente oleosa, che fa ingrassare ma e' deliziosa) o di un *Laski Sosi* (colesterolo puro iniettato direttamente nelle vene, ma un vero godimento per il palato) o di un *Voileipa Kakku* (una gustosissima torta di pane e burro coperta da panna acida), tutti piatti che erano serviti nella vecchia cucina, accanto al grande forno di pietra arenaria.

Nelle piccole città o nei villaggi, dove realmente vive la gente e dove le comunità conservano le vere tradizioni della vita delle foreste, il cibo è ancora soltanto una necessità, non un piacere. I finlandesi si siedono a tavola e mangiano. Voglio dire che quasi non masticano quello che mettono in bocca frettolosamente, come se quella fosse l'ultima cena prima della fine del mondo. Spesso non gustano neppure quello che mangiano: inghiottiscono e digeriscono (e forse a volte non digeriscono neppure). Poi si alzano da tavola, soddisfatti dall'aver immagazzinato la loro razione giornaliera di combustibile.

La necessità naturale di riempire lo stomaco non è cambiata dal tempo in cui, nelle foreste, dovevano alleviare i morsi della fame mangiaqndo qualsiasi cosa fosse immediatamente disponibile, nella consapevolezza o paura che ci fosse sempre qualcuno in agguato, pronto a portarsi via quel cibo, o che quel cibo stesso il giorno dopo, avrebbe potuto non esserci più .

Comunque sia, la cultura del cibo si sta ora diffondendo. La Finlandia ha prodotto un buon numero di *chef* capaci e creativi che, in svariati programmi televisivi, hanno cominciato a dimostrare che il cibo non è solo il freddo atto tecnico di mangiare e che vecchi metodi e le tradizioni culinarie hanno le loro qualità e costituiscono un motivo di orgoglio, quando vengono accettati e capiti.

Alcune persone convinte di questo sono perfino riuscite ad aprire, qualche volta in mezzo alle foreste, dei piccoli ristoranti in antiche fattorie tradizionali, offrendo piatti del passato che non vengono più proposti, allo scopo di far rinascere la cucina dei propri avi. Questi posti non sono molti, ma alcuni hanno avuto successo, e noi siamo fortunati ad averne uno a poca distanza da casa, vicino agli impianti sciistici di Himos, famosa stazione invernale della Finlandia. Il *Tila* di Pata Pirtti è gestito da Tarja, una signora vivace che ha basato il proprio *menu* sull'uso dei prodotti del luogo, con l'amore e la dedizione di una vera esperta culinaria. Noi siamo clienti abituali; abbiamo gustato molti piatti a base di alce, di renna e di pesce, ed anche varie zuppe, preparate secondo le antiche ricette delle nonne. Il *Tila* esiste ormai da parecchi anni, e noto con soddisfazione che è in aumento il numero dei finlandesi che cominciano ad apprezzare la qualità della sua cucina ed il suo ambiente, convincendosi piano piano del positivo utilizzo della carne e dei frutti di bosco del luogo e di accompagnare il cibo con del buon vino.

Oggi molti finlandesi pranzano alle undici con un caffè e un dolce oppure, se vogliono essere più ardimentosi, con un kisch e un caffè, e questo li fa arrivare fino all'ora di cena, che per molti consiste in biscotti salati e formaggio oppure in una zuppa, patate e pane, magari dopo aver mangiato una salsiccia bella grassa cucinata sulla stufa bollente, bevendo una birra negli intervalli della sauna.

Alcuni nostri amici per cena non mangiano praticamente altro che una zuppa accompagnata dal pane, un'insalata o da patate; forse mangiano le stesse cose anche a pranzo il giorno seguente, privandosi del piacere di tanti altri piatti. Anche a noi è capitato a volte di mangiare in questo modo – con grave senso di colpa di Celia che si sente inadeguata se non produce cibo preparato in modo culinario – e devo ammettere che ci siamo alzati da tavola sufficientemente sazi.

Questo era esattamente lo scopo del cibo nelle condizioni di povertà della vita nelle foreste in passato. Era necessario riempirsi lo stomaco e farlo rimanere tale per alcuni giorni. Mi chiedo (e non sono un dietologo) se la causa dei problemi cardiaci, di cui molte persone soffrono in Finlandia, non sia attribuibile a questa alimentazione povera e limitata, indiscutibile eredità dell'epoca in cui era difficile trovare il sostentamento quotidiano e quando in inverno non era possibile comprare nulla, nè tantomeno coltivare nulla, data la spessa coltre di neve. Le zuppe venivano preparate in quantità tale da essere sufficienti per una settimana, e il cibo, pesante ma nutriente, serviva unicamente a fornire calorie ai corpi esposti alle difficilissime condizioni climatiche. Alcuni dei piatti tradizionali che abbiamo assaggiato, (principalmente grazie a Pirkko ed Eino che hanno voluto farci provare la cucina della vera Finlandia,) erano davvero buonissimi, ma rispecchiavano tutti la stessa necessità: riempirsi lo stomaco in modo economico e veloce per poter affrontare un'altra giornata di duro ed inesorabile lavoro; non certo per dare piacere al palato con il sapore e la qualità. Il pesce, il pane e le patate costituivano certamente la base dell'alimentazione.

Le patate finlandesi sono qualcosa di veramente particolare, da raccomandare agli amici più cari. Hanno un gusto ed una consistenza che le nostre hanno ormai perso per strada. Il merito sarà anche delle abilità culinarie di Celia, ma fatto sta che le patate finlandesi sono speciali, sia al forno, sia saltate in padella con aglio ed erbe aromatiche, bollite o cucinate come purè. Sono paradisiache! Abbiamo perfino imparato come pelarle a tavola, servendoci di una forchetta e di un coltello e tenendole sollevate come si fa quando si sbuccia un'arancia. Ci hanno detto che è un *test* obbligatorio per ottenere la cittadinanza onoraria finlandese. I bambini imparano questa tecnica fin da piccoli e vengono considerati adulti solo quando se ne sono impadroniti. Pelare patate è quasi un rito di passaggio, un *bar mitzvah* tutto finlandese.

Le patate sono fantastiche, ma la stessa cosa si può dire del pesce. Io il pesce non lo mangiavo mai. Da piccolo il pesce non mi piaceva. Lo trovavo insipido, lo consideravo un cibo noioso e pieno di spine. Cominciai a mangiarlo in Finlandia, quando Juhani e Iris ci portarono sulla loro isola sul lago Paijanne. Affumicarono del pesce azzurro su un fuoco all'aria aperta, costruito con delle grandi pietre, improvvisando una sorta di *barbecue*. Lo gustammo davvero, seduti ad un tavolo di legno grezzo ricavato da due metà di tronchi d'albero. Il pesce ci fu servito in modo semplice, accompagnato da patate (e qui ritorniamo alle delizie delle patate finlandesi) e da alcune erbe aromatiche; le sue minuscole spine si potevano mangiare senza problemi. Sapeva di lago, di aria pura, di *koivu*. Davvero squisito!

Da allora il pesce mi è sempre piaciuto. Una volta me l'hanno servito in una marmitta, cotto e affumicato su un fuoco tra pietre, sulla sponda di un lago, accompagnato da panna acida, aneto e patate (e si', queste stupende patate che compaiono dappertutto|). Naturalmente siamo fortunati ad avere per vicino un pescatore di professione. Jorma salpa ogni sera per Pajianne con le sue due grandi barche armate di radar, di *sonar* e di tutti gli strumenti necessari a evitare di finire nelle secche. Lavora ad ore impossibili, per assicurarsi che il pesce sia consegnato ai supermercati e ai venditori all'ingrosso al mattino presto, prima dell'apertura dei mercati. Qualche volta, di notte, prima di andare a dormire, guardiamo dalla finestra sul lago e vediamo le luci delle barche di Jorma che spuntano da dietro l'isola, di fronte a casa nostra, dirette alla rimessa delle barche. Luccicano sull'acqua, quasi fossero alberi di Natale galleggianti. Il pesce viene scaricato, diviso secondo la qualità, squamato e sviscerato da un macchinario; poi viene messo in contenitori di polistirene e nelle celle frigorifere, pronto per essere consegnato il mattino dopo. A volte compriamo il pesce direttamente dalla rimessa delle barche, ma più spesso lo compriamo alla piccola bancarella del mercato del villaggio, gestita nei mesi estivi dalla moglie di Jorma e dalle sue figlie. E' sempre meravigliosamente fresco.

Jorma pesca sempre, anche d'inverno. Prima di tutto rompe con i pescherecci il ghiaccio del lago, perlomeno fino a quando lo spessore eccessivo del ghiaccio non rende la cosa impossibile, per poter attraversare l'acqua gelata e raggiungere le zone più profonde, dove i pesci si nascondono alla ricerca di acque più calde. Poi getta le reti attraverso i buchi scavati nella superficie ghiacciata e controlla con regolarità quello che ha pescato. Fa sempre un buco quadrato nel ghiaccio, non troppo lontano dalla sua rimessa, e lo copre con un asse di legno. E' come il buco che scavo io all'inizio dell'inverno, vicino alla nostra sponda, per immergermi nell'acqua gelata dopo la sauna. Quando poi lo strato di ghiaccio diventa troppo spesso **e** non riesco a romperlo, posso solo sperare che la neve sia abbastanza profonda per rotolarmici sopra senza graffiarmi qualche preziosa parte del corpo.

Il buco nel ghiaccio di Jorma è come un frigorifero a temperatura costante e si mantiene sempre allo stato liquido. Al suo interno, una rete rotonda gettata in profondità trattiene i pesci che sono stati pescati: salmoni, lucci, pesci azzurri, scardòle e occasionalmente anche delle trote – e tutti quanti nuotano felici nell'acqua gelata fino a quando Jorma decide di scegliere un pesce per qualche cliente. Poi è solo un gioco da ragazzi: si dà un colpo in testa al malcapitato, gli si fa un taglio lungo lo stomaco per rimuovere le interiora e lo si raschia per squamarlo, abbandonando quello che resta sulla superficie del lago ghiacciato. Gazze, ghiandaie e altri spazzini del mare (o del lago in questo caso) puliscono tutto.

Una volta, in autunno, un amico ci regalò dei gamberi di lago. Erano appena caduti nella rete ed avevano un colore grigio, quasi trasparente; piccole creature che si muovevano ancora, sgradevoli da maneggiare per chi non è del mestiere. Finirono subito in una pentola d'acqua bollente e acquisirono il tipico colore rosso che vediamo nei supermercati. Erano talmente deliziosi che pensammo di comprare una rete fai-da-te per calarla nel Paijanne, accanto al nostro pongtile, con la speranza di fare ottimi pranzi a base di gamberi di lago. Amici ci avevano detto che pescarli era facile e che il metodo non poteva fallire.

Costruire la rete fu una vera e propria impresa. Le due grandi sezioni metalliche di forma ovale non stavano insieme, e mi pareva che mi sarebbero servite quattro paia di mani per tenere fermi tutti i pezzi. Un paio d'ore piu' tardi, dopo essermi abbondantemente graffiato mani e braccia (e aver anche utilizzato qualche espressione colorita) per via della rete di zinco molto tagliente, la gabbia stava in piedi da sola e sembrava perfetta. Attaccai un pezzo di corda alla maniglia, la calai nell'acqua, proprio dalla parte del pontile che gli amici "esperti" ci avevano indicato come il punto ideale. I miei nipoti, che erano venuti dall'Inghilterra a trascorrere la vacanze con noi, ne rimasero colpiti.

Controllavo la gabbia a intervalli regolari, sollevandola dall'acqua, e una volta vi trovai un pesce azzurro. Ma di gamberi neppure l'ombra. Dopo tre giorni il pesce azzurro era riuscito, chissà come, a scappar via e nessun gambero aveva ancora deciso di sperimentare i *comfort* offerti dalla gabbia.

Estraemmo la gabbia dall'acqua a fine autunno, prima del nostro rientro in Inghilterra, triste e vuota. Chiesi a svariate persone se secondo loro l'avevo montata in modo corretto, e tutti mi assicurarono che avevo fatto un lavoro encomiabile. Ancora oggi detesto gli amici che sostengono di riuscire a prendere del pesce semplicemente calando quella gabbia nell'acqua. Non sono mai riuscito a farmi spiegare la ragione per la quale loro ci riescono e io no. Li detesto profondamente, e non credo più alle loro parole. O forse detesto me stesso per essere così negato a pescare.

Riassumendo: la nostra opinione del cibo finlandese è eccellente quando si tratta di cibo della tradizione e non solo di *hamburger* e patatine fritte, o di pane e di torte. Molti programmi televisivi di cucina incoraggiano a ritornare alle ricette semplici e insegnano che i piatti di una volta sono squisiti e possono ritornare di moda. La moda non c'entra per nulla. La tradizione sì. Qualche volta è bello sfidare colesterolo e pressione arteriosa – cose su cui la nostra società è diventata ossessiva- e comportarsi come dei bambini disobbedienti. Il sapore è buono e, come si dice, domani mattina potremmo comunque non esserci più.

. . . .

Ogni anno in luglio comincia la stagione delle mostre d'arte, anche in villaggi piccoli come il nostro. Si ha l'impressione che ci sia un proliferare di artisti dappertutto. Alcuni sono artisti seri, con una scuola dietro le spalle, ma i più sono invece autodidatti e dilettanti. Tutti aprono al pubblico la loro casa o il loro giardino, oppure occupano degli spazi in librerie, in scuole o in municipio ed esibiscono orgogliosamente le loro opere.

Siamo stati a numerose mostre d'arte, incontrando lo stesso pubblico anno dopo anno. E' quasi come un percorso obbligato che tutti devono affrontare, anche senza avere un interesse reale per la pittura o la scultura. E' una cosa che si deve fare perché l'arte locale è un altro elemento unificatore della cultura finlandese, una cultura con una storia breve alle spalle, che risale solo alla fine dell'ottocento, quando persone come Sibelius, Kallela, Wickstrom e Halonen cominciarono a produrre i loro capolavori innovativi, qualche volta nei loro meravigliosi studi che si affacciavano sul lago,   perfetta fonte d'ispirazione.

La storia dell'arte della Finlandia è breve, come del resto è breve la storia della nazione. Non è successo nulla di rilevante fino alla fine dell'ottocento, quando tutto d'un tratto un certo numero di individui benestanti e politicamente impegnati iniziarono a vivere come il Grande Gatsby. Si costruirono studi e abitazioni di grande bellezza, dove trascorrevano il tempo insieme, facendo grandi bevute e godendosi la vita, ma allo stesso tempo creando i loro quadri, le loro sculture, la loro musica e i loro edifici. Il loro modo di vivere agiato, decadente ed edonistico sembra riflettere quello delle persone ricche e viziate di tutto il mondo nei primi due decenni del secolo scorso. Halonen rappresenta un'eccezione. Padre di otto figli, un inizio di carriera faticoso dovuto alle sue umili origini, riuscì a raggiungere la fama a Parigi ottenendo il riconoscimento internazionale dopo aver prodotto un numero enorme di opere e senza neppure far parte del *club* dei libertini.

Tutti quanti avevano molti figli, spesso da donne diverse; alcuni si scambiavano perfino le mogli con i loro colleghi di lavoro, come il famoso architetto e *designer* Saarinen che, insieme a due colleghi, costruì un interessante insieme di case dall'aspetto inglese a Hvitresk, nei sobborghi di Espoo, in una foresta vicino a Helsinki. Tutti quanti condividevano feste, partite di tennis, cene e mogli. Tutti quanti presero parte attivamente alla politica del tempo, schierandosi con i Bianchi o con i Rossi, le due fazioni che sostenevano rispettivamente il governo democratico o il regime sovietico. Si sentivano parte di una scena finlandese in evoluzione, ed ebbero grande interesse per la massoneria, che a molti intellettuali pareva essere un emblema di unificazione e di liberazione. Kallela ne utilizzò il simbolismo nei suoi quadri, come ho già detto in precedenza.

Durante tutte le mostre vengono offerti caffè e fette di torta, e questo costituisce un motivo di irresistibile attrazione per i finlandesi. Amano davvero il caffè e ne bevono molto, ma lo amano ancora di più quando è gratis, sia servito a un evento artistico, che all'inaugurazione di un nuovo negozio.

Una nostra amica è proprietaria di un elegante negozio di mobili e di oggetti da regalo nella cittadina vicina. In alcune occasioni, quali la concessione di una licenza per un nuovo punto vendita o il decimo anniversario dell'attività, organizza un piccolo rinfresco (i cui dettagli vengono pubblicati sul giornale locale), al quale tutti sono benvenuti, a partire da una data ora del mattino quando vengono offerti caffè e fette di torta. E' un bell'esercizio promozionale e di pubbliche relazioni. Ho parlato in precedenza della puntualità dei finlandesi. Bene, in occasioni come questa possono addirittura essere un po' in anticipo, in ansiosa attesa che si aprano le porte del negozio per tuffarsi sulla tavola del buffet imbandito con caffè bollente e dolci. Secondo la nostra amica, sono in pochi ad avere interesse per i prodotti in mostra. La maggior parte delle persone presenti prende un paio di caffè e alcune fette di torta e poi se ne va, magari congedandosi con un semplice "arrivederci".

Così questa gente infila una mostra d'arte dopo l'altra, con un calendario che mi ricorda la tipica famiglia americana in visita alle città europee: "Oggi è martedì, quindi questa deve essere Berlino, visto che ieri eravamo a Parigi." Alla fine della giornata, dopo essersi rimpinzati di caffè e di torte e senza neppure aver dato un'occhiata alle opere d'arte, se ne vanno a casa, riscaldano la sauna, si godono una birra e una salsiccia, certi di aver fatto il proprio dovere.

Certamente, considerando che è una nazione che supera di poco i tre milioni di abitanti adulti, la Finlandia ha un notevole numero di gallerie d'arte e di musei, che quasi tutti visitano religiosamente per non scordare il proprio passato e non smettere mai di essere orgogliosi di sentirsi finlandesi.

Alcuni "musei" non sono molto di più che semplici vecchie fattorie in legno che hanno deciso di esibire gli attrezzi da lavoro degli antenati. Altri sono interi quartieri cittadini splendidamente conservati, in cui le case di legno o le botteghe ci ricordano le condizioni di vita di un passato neppure troppo remoto. Un ottimo esempio a questo proposito è la meravigliosa zona di Turku, dove alcune botteghe vengono ancora utilizzate dagli artigiani e dove, guidati da un opuscolo turistico redatto con estrema cura, è possibile ripercorrere le vari fasi del progresso e delle condizioni di vita delle famiglie dei lavoratori del secolo scorso
Alcuni musei sono quasi luoghi di venerazione e di pellegrinaggio. Costituiscono pietre miliari nello sviluppo artistico della nazione, oltre ad essere bellissimi monumenti ad artisti che ebbero la passione, il coraggio e i mezzi economici per vivere in modo singolare e lasciare

un'impronta nella cultura finlandese. Fra questi devo sicuramente menzionare un'altra volta gli imponenti luoghi di lavoro di Kallela e di Wickstrom. Le loro abitazioni e i loro studi, costruiti in cima a penisole rocciose che sembrano quasi spezzare il lago sottostante, valgono una visita anche soltanto per l'imponenza dell'architettura e per la bellezza del luogo, oltre che per le opere artistiche che contengono. Sono opere preziose prodotte da menti che vissero e respirarono nel clima delle nuove aspirazioni e dei disordini politici della giovane società finlandese, opere grazie alle quali la Finlandia entrò a pieno diritto nel panorama artistico mondiale.

Una volta, tornando da una rappresentazione dell'*Aida* di Verdi nel castello di Savonlinna, dove ogni anno viene organizzata la stagione musicale dell'opera, facemmo una piccola deviazione per visitare Retretti, uno dei più noti centri d'arte del paese. Era una calda giornata d'estate ed avemmo qualche difficoltà a trovare un parcheggio all'ombra, dato il grande afflusso di turisti. La stagione operistica di Savonlinna, che si tiene in luglio, attira visitatori da ogni parte del mondo. La maggior parte di loro si sparge per il territorio di mezza Finlandia sud-orientale, fino a Retretti, distante solo pochi chilometri da Savonlinna, che noi visitavamo per la prima volta. Fu una coppia di amici a portarci ed a mostrarci alcune cose lungo il percorso, come la linea di combattimento con l'esercito russo durante la Guerra d'Inverno, il confine con la Russia lungo la vecchia strada della Carelia, Imatra, Lappeenranta, ed il famoso lago Saima con tutte le sue isole, le sue calette e i traghetti.

Savonlinna è una graziosa cittadina sulle sponde di Saima, il più grande lago finlandese. La sua scarsa popolazione aumenta di più del doppio durante la stagione operistica, e in quel periodo non c'è nessuna possibilità di trovare una sistemazione confortevole, se non una stanza spartana. Quando vi rotornammo l'anno successive finimmo per alloggiare in un albergo in cui la camera da letto consisteva in due lettini, due minuscoli comodini ed una finestra, e tutto questo su un nudo pavimento in piastrelle. Avemmo però diritto anche a un paio di asciugamani. I due o tre alberghi decenti vengono prenotati con un anno di anticipo, e la città non è attrezzata per ricevere l'invasione di turisti e di amanti della musica che arrivano da ogni parte del mondo. Dopo quella volta decidemmo di depennare Savonlinna dall'agenda, nonostante il fatto che gli spettacoli e l'atmosfera ci fossero veramente piaciuti.

Il teatro dell'Opera è stato ricavato nel cortile dell'antico castello dell'isola che sorge a poche centinaia di metri dalla terraferma e che si raggiunge con un ponte mobile, aperto ogni tanto solo per consentire alle grosse navi di raggiungere il porto principale attraverso l'unico tratto di acqua profonda. Mentre si cammina lungo il ponte in direzione del castello, circondati da altre centinaia di persone, nella calda brezza della sera, non si puo' fare a meno di considerare Savonlinna come una versione finlandese di Ascot – elegante, di classe ed esclusiva.

Assistemmo all'*Aida* nella serata inaugurale della stagione, e la Presidente della Finlandia era presente alla rappresentazione. Alla fine della serata ci ritrovammo a percorrere il ponte, diretti verso la terraferma, insieme alle altre persone che uscivano dal castello, Presidente compresa. La signora Tarja Halonen camminava circondata dai suoi ministri e da alcune discrete guardie del corpo, senza le ossessionanti misure di sicurezza cui siamo abituati nel nostro Paese. Alla fine del ponte, ad attendere lei ed il suo entourage, c'erano solo due auto nere munite di antenne, ed i relativi autisti con gli immancabili occhiali da sole e cellulari in mano. Niente di più. Dopotutto, la Presidente era circondata dal suo popolo. Chi doveva farle del male?

Cosi' il giorno seguente i nostri amici ci portarono a Retretti, dopo una breve sosta a Kerimaki per visitare la chiesa in legno più grande del mondo, dalla struttura davvero imponente. Stava per iniziare la cerimonia di un battesimo e l'interno della chiesa era inondato di fiori. L'intricata struttura delle navate e delle colonne era davvero impressionante, ed i colori pastello delle sculture in legno erano semplicemente perfetti.

Retretti aveva delle stradine molto ben curate, fiancheggiate da grandi alberi, che conducevano ad un edificio moderno progettato con grande abbondanza di vetro. Gli opuscoli illustrativi ed i cataloghi distribuiti all'entrata erano scritti in varie lingue e, su richiesta, erano disponibili cuffie con le quali la solita voce impersonale illustrava la storia del luogo e delle opere esposte. Vi sono regolarmente lavori di molti famosi artisti, ed altri esempi della creatività finlandese. Nella sezione sotterranea, scavata nelle rocce delle profonde viscere di Retretti, venivano esibiti esperimenti innovativi e inusuali di luci e di effetti visivi, oltre a varie collezioni di oggetti: da invenzioni folli e genericamente inutili a pietre preziose ed a scheletri di animali rari. Fui colpito dal rispetto che le guide del museo mostravano nei confronti di tutto quello che poteva considerarsi finlandese e dalla fantasia utilizzata per creare un'esposizione, varia ed unica nel suo genere. Dopo la nostra visita scoprimmo addirittura che alcune idee del museo di Retretti sono state poi riprese da musei di altri Paesi.

Retretti è un'altra delle molte visite obbligate che i finlandesi fanno all'interno del loro Paese per sentirsi ancorati alla loro storia e provare un senso d'orgoglio per l'intelletto e le capacità espressive della loro piccola nazione. L'arte li unisce. Negli ultimi anni si era parlato di una sua possibile chiusura, per via della mancanza di fondi e di sponsorizzazioni. Devo ammettere che provai un senso di orrore all'idea che la Finlandia potesse perdere una vetrina così preziosa per i suoi artisti e i suoi artigiani. Poi improvvisamente i fondi furono reperiti e fu infusa nuova linfa vitale in questo bellissimo luogo, un luogo di cui molti amanti dell'arte avrebbero sentito la mancanza.

Certamente rimasi più colpito da Retretti che da Ittala, un altro marchio di fabbrica che sorge fra Tampere e Hammenliina. Ittala è rinomata per la produzione del vetro. I suoi preziosi manufatti sono diventati ormai un po' superati e nel tempo si sono trasformati in oggetti venduti sugli scaffali di supermercati e perfino di tipici negozi turistici. Ma nella percezione dei finlandesi sembrano comunque conservare un'immagine sofisticata e di *design*.

A Ittala i turisti possono vedere il processo di soffiatura del vetro, e come si fanno le torte al cioccolato. Possono comprare *souvenir* finlandesi prodotti in Cina e possono mangiare *hamburger* nel piccolo caffè accanto al parcheggio. Possono poi entrare in un piccolo edificio su due piani, con un grande numero di stanze minuscole, ed ammirare un'enorme accozzaglia di quadri, stampe, caricature, sculture, fotografie e via dicendo. Ci sono talmente tante cose affastellate, che è praticamente impossibile ricordarsi che cosa si è visto e dove lo si è visto. Comunque sia, la gente accorre a frotte ad ammirare questo circo all'aria aperta, convinta che sia assolutamente da visitare perché parte dell'eredità artistica finlandese. E torte e caffè non sono neppure gratis!

.   .   .   .

I finlandesi sono decisamente formali in fatto di occasioni di
ritrovo, di natura religiosa o conviviale che siano.

Come in tutte le comunità protestanti, la partecipazione ad un
servizio religioso è quasi un rituale regolamentato, piuttosto che
un'espressione spontanea di fede. Notevole è la differenza fra un
servizio religioso in una chiesa cattolica e quello in una chiesa
protestante. Partecipando ad una messa si ha l'impressione che le
persone si sentano libere di girare per la chiesa, di arrivare in ritardo,
chiacchierare fra loro, entrare ed uscire in totale libertà e, avviandosi
all'altare per prendere la Comunione, scontrarsi con gli altri fedeli che
attendono di ricevere l'ostia consacrata. I bambini fanno rumore,
gridano e corrono su e giù per le navate. (purtroppo al giorno d'oggi la
legge proibisce ai genitori, per quanto imbarazzati , di tenerli sotto
controllo: i poveri pargoli potrebbero avere dei complessi da grandi.)
La confusione regna sovrana.

I servizi religiosi protestanti sono invece improntati ad una grande
disciplina. I fedeli sono puntuali e silenziosi. Stanno seduti senza
parlare; anche i bambini tutto d'un tratto sembrano perdere il desiderio
di ridere e di correre per la chiesa. Di solito l'intera congregazione si
avvicina alla Comunione, e le persone, sempre con sguardi seri e
austeri, si dispongono su due file separate, una che si avvicina
lentamente al pastore e l'altra che se ne allontana, in ordine ed in
silenzio, dopo aver preso il pane e il vino consacrato. Tutto è regolato
come un orologio di alta precisione.

I finlandesi non parlano molto di religione. La fede è una questione
personale fra l'individuo e Dio; non è una cosa su cui scherzare o su cui
scontrarsi. Credi diversi dal Luteranesimo vengono accettati e rispettati,
ma senza farne argomento di discussione. Le persone sono accettate per
quello che sono e non per le loro credenze religiose. Perfino la piccola
comunità ebraica e quella islamica vivono una accanto all'altra, senza
che fra loro ci sia alcun sentimento di ostilità. La Finlandia è un Paese
fatto di foreste, e nelle foreste – che questo piaccia o meno – ognuno è
davvero uguale agli occhi di un orso o di un alce.

Anni fa, il giorno di Natale, una coppia di amici ci invitò ad
attendere con loro il servizio religioso che si svolgeva al mattino presto
nella bella chiesetta in legno del villaggio, così tipicamente finlandese,

con il suo tetto spiovente e il campanile di lato. Decisi di lasciare Celia a riposare dopo la fatica dei preparativi per le feste. Il mio amico venne a prendermi ad un'ora impossibile del mattino, molto prima che spuntasse la luce del giorno. La chiesa era gremita di fedeli che avevano dovuto combattere con la neve e il ghiaccio per arrivarci fin lì. Fu una bellissima celebrazione natalizia; fui contento di far parte della comunità, di ascoltare il sermone semplice e serio del pastore e di scambiare gli auguri con i membri della congregazione andando verso casa, dove mi aspettava del caffè caldo. Era stato tutto perfetto – nessun rumore, nessuno starnuto, nessun colpo di tosse. Dio era stato rispettato in ordine ed in silenzio.

Ma i finlandesi sono formali in ogni occasione di ritrovo, perfino quando sono fra amici, perlomeno fino al momento in cui vengono serviti caffè e torte. Una volta entrati in chiesa per partecipare al servizio religioso assumono un aspetto di grande serietà e, se vedono un amico, accennano ad un saluto solo con un impercettibile movimento del capo. Una volta che il servizio è finito ritornano a essere simpatici e cordiali come prima. Tutte le occasioni di ritrovo, anche quelle conviviali, devono essere vissute con rispetto e formalità.

Mi ricordo di quando Celia e io fummo invitati da Veikko nella sua bella casa nella foresta, dove si festeggiava il suo sessantesimo compleanno. Ci indicarono un'ora precisa a cui presentarci e ce la mettemmo tutta per non arrivare in ritardo. Era una bellissima giornata tiepida di inizio estate e dopo aver parcheggiato l'auto in un_campo vicino, sull'erba secca tagliata da poco, percorremmo a piedi la breve distanza che ci separava dalla casa. Vedemmo un certo numero di persone che aspettavano in fila nel cortile della fattoria e cercammo di individuare Veikko e Marjatta, la sua graziosa moglie. Sono una coppia affiatata e simpatica e posseggono una grande estensione di terreno all'interno dei confini del nostro villaggio. E' una vera e propria comunità - con il suo "sindaco" ed il suo "sceriffo"- in cui è ancora vivo lo spirito del villaggio . E' ancora oggi una piccola tribù simile a quella dei tempi passati, sebbene sia fornita di auto, telefono ed *internet*, e non utilizzi più corni e messaggeri per comunicare con l'esterno.

Quando li vedemmo in lontananza, Veikko e Marjatta erano lì in piedi, non lontano dalla casa, ad accogliere gli ospiti. Li raggiungemmo, li salutammo e facemmo gli auguri di compleanno a

Veikko, scherzando sul fatto che aveva ormai raggiunto una ragguardevole età. Solo in quel momento ci rendemmo conto, con profonda costernazione, che avevamo saltato la coda. Le persone erano in fila per fare gli auguri a Veikko e per offrirgli piccoli doni, e noi avremmo dovuto prendere il nostro posto in fondo alla fila. Il sistema funziona in questo modo. Eravamo imbarazzati per la nostra maleducazione, e penso che addirittura arrossimmo, io sotto la barba, come se avessimo tradito l'intera nazione britannica. Per un breve istante avremmo voluto davvero sprofondare sottoterra. Nessuno ci disse nulla, naturalmente, ma gli sguardi sorridenti a noi rivolti perfino da sconosciuti ci fecero sentire ancor peggio.

Imparammo la lezione. Quando si è invitati ad una festa si deve aspettare pazientemente il proprio turno per ringraziare e salutare il padrone di casa, stando in fila in maniera composta, aspettando che le persone davanti a noi abbiano terminato di rivolgere le loro brevi frasi affettuose al padrone di casa. Le formalità sono importanti. La stessa cosa succede quando si entra in una stanza – per esempio alle serate musicali di Aulikki – dove gli altri sono già seduti intorno alla *tupa* . Sappiamo che dobbiamo fare un giro intorno alla stanza, stringere la mano di tutti e presentarci a tutti, anche alle persone che già conosciamo. Le formalità sono importanti. E tuttavia… gli uomini non si alzano quando viene loro presentata una signora. Una volta concluse le formalità viene servito il caffè con le immancabili fette di torta, ed a quel punto gli sguardi seri ed austeri scompaiono dai volti dei finlandesi, che riprendono il loro aspetto divertente e gioviale. Finalmente si rilassano.

E' un rituale a cui bisogna attenersi scrupolosamente. Nel giorno di *Eino Einol* (un famoso poeta nazionale), all'inizio dell'estate, Eino, artista nostro buon amico che ha in comune con questo celebre poeta il nome e anche il giorno di nascita, ne approfitta per festeggiare entrambe le occasioni. Eino e sua moglie Pirkko abitano (come ormai sapete) nella foresta, in una bellissima casa circondata da un grande giardino naturale. Sparse fra le rocce ci sono alcune sculture di Eino, divertenti, particolari e stravaganti con raffigurazioni di grasse signore dai nasi buffi e caricature di uomini politici. In un lato del giardino Pirkko su una striscia odinata di terra, coltiva verdura dall'aspetto sempre fresco e magnifico. Il loro giardino finisce ai margini della foresta, aldilà delle costruzioni esterne, dove l'accesso era proibito a Hanna, la cagnolina che altrimenti avrebbe corso il pericolo di essere sbranata dai lupi. Hanna ora non c'è più ed Eino le ha reso omaggio con una piccola scultura in mezzo al giardino.

Per il suo cinquantesimo compleanno Eino ci invitò a casa sua, con altri amici, per un piccolo festeggiamento; decidemmo che il dono più appropriato sarebbe stato dedicargli una breve poesia. Mi sono sempre dilettato a scrivere versi per divertimento e piacere personale, così mi cimentai nella composizione di alcune sestine (ovviamente in inglese) che stampai su un foglio A4. Una volta avvolto e legato con una cordicella rossa, il documento, simile a un papiro della Roma antica, faceva la sua bella figura.

Quando arrivammo a casa di Eino e parcheggiammo l'auto, lungo il sentiero che portava al suo studio trovammo un piccolo gruppo di amici già in coda per rendere omaggio al padrone di casa. Era una tiepida giornata d'estate, ed Eino e Pirkko erano insieme a ricevere gli ospiti e ad ascoltare con pazienza le parole di lode e di apprezzamento rivolte ad Eino per i suoi successi artistici. Alcuni cantavano delle canzoni in suo onore, mentre altri gli porgevano piccoli doni. L'atmosfera era di grande cordialità.

Quando arrivò il nostro turno, Celia diede a Eino un piccolo dono ed io srotolai la "poesia" e gliela lessi lentamente ad alta voce, cercando di fargli capire le parole, data la sua limitata conoscenza dell'inglese. Mi fece piacere vedere Pirkko, che invece conosce bene l'inglese, sorridere ogni tanto alle mie rime spiritose. Poi ci avviammo lentamente verso la fine del sentiero, dove venivano offerti caffè e dolci, lasciando così agli ospiti successivi di porgere i propri omaggi ad Eino. Solo dopo aver ricevuto l'ultimo ospite Eino e Pirkko si unirono a tutti gli altri. Fu un'altra esperienza dello stile di vita finlandese .
Eino e Pirkko sono loro stessi genuini e naturali. Sono simpatici a tutti. Anche i nostri nipoti si sentono a loro agio con loro perchè vengono trattati in modo spontaneo e sincero. Una volta Luke, il più piccolo, rimase davvero colpito dalla pazienza e dall'affetto di Eino. Un pomeriggio d'estate fummo invitati al loro *cottage* e, dopo una scorpacciata collettiva delle meravigliose torte di Pirkko, Eino condusse Luke in giardino a raccogliere dei vermi che, a suo dire, sarebbero stati un'ottima esca per pescare nel Paijanne. Entrambi i ragazzi, Joseph e Luke, erano pescatori accaniti, una passione chiaramente ereditata dal padre. Avevamo comprato loro delle economiche canne da pesca alla stazione di servizio del villaggio, ed

anche se io di pesca non capisco proprio nulla, mi sembrava che quelle canne potessero andare bene.

Eino, mentre eravamo tutti seduti attorno al tavolo della cucina, aveva già dato alcuni suggerimenti ai ragazzi per riuscire al meglio nella pesca. Poi fece segno a Luke di seguirlo in giardino e, dopo un po', lo scultore e nostro nipote tornarono in cucina con un vaso pieno di lunghi vermi che si divincolavano, cosa che fece rabbrividire d'orrore Celia. Celia ha un'antipatia e quasi un'allergia per qualsiasi creatura che strisci, e i vermi sono una prova evidente della sua fobia.

Ritornando a casa, Luke pensò di scrivere una nota di ringraziamento a Eino. La lettera diceva, "Grazie, Eino, grazie mille per i vermi e per le torte." Era chiaro quali fossero le cose importanti per Luke in ordine di priorità!

. . . .

Un'estate, la nostra seconda figlia Sarah e quello che è ora suo marito, erano venuti a trascorrere le vacanze da noi. Il tempo era bellissimo, e avevamo potuto godere del giardino e del lago tutti i giorni; avevamo anche fatto delle gite nelle foreste, così ricche di sfumature di verde e di blu e piene di uccelli, di frutti di bosco e di alci.

Un pomeriggio visitammo una remota casa di campagna, unico edificio immerso nel verde, dai pallidi colori pastello. Era in cima ad una piccola collina che degradava verso un grazioso laghetto, con uno stretto sentiero che finiva in una sauna di legno. La casa apparteneva ad una signora che avevamo visto varie volte nel villaggio e che aveva deciso di lasciare il suo lavoro di commessa in un supermercato. Aveva aperto una piccola impresa di tessitura di tappeti, di zerbini e di capi d'abbigliamento. Aveva trasformato le belle costruzioni intorno al cortile erboso dalla forma quadrata in un semplice ma originale *showroom*, dove erano in mostra i suoi oggetti artigianali, insieme ad alcuni dipinti di alcuni artisti dilettanti del luogo. Era un posto idilliaco e fummo accolti con grande cordialità.

Sulla strada del ritorno decidemmo di fare una deviazione e fermarci per un *drink* al bar del piccolo porto di un villaggio sul lago, dove una sola barca da pesca occupava quasi l'intero pontile. Un uomo anziano arrivò su una scalcagnata barca con un vecchio motore. Seduto a prua c'era un cane. Sembrava una scena tratta da un film sulla febbre dell'oro americana. L'uomo lasciò la barca nella sponda fangosa del lago e andò a prendere il suo *drink* insieme al cane.

Il bar era un granaio di legno con tavoli e sedie da un lato ed un'area destinata ai giochi per bambini dall'altro. Sulla parete dell'area giochi c'era una grande varietà di asce, coltelli da caccia, seghe ed altri orribili oggetti che vengono utilizzati in campagna. Erano appesi alla parete solo per il loro effetto decorativo. Sarah, che con il suo diploma in puericultura s' intende parecchio di neonati e di bambini, sa quali siano le misure di sicurezza necessarie in loro presenza ed ebbe quasi un attacco di cuore pensando che uno di questi oggetti potesse cadere addosso a un bambino intento a giocare, o che un bambino lo scambiasse per un giocattolo e tentasse di staccarlo dalla parete. Non c'era nessun cartello ad informare nè genitori, né bambini del pericolo; nessuna rete di protezione, né personale addetto alla sorveglianza.

Ovviamente i bambini giocano lì da sempre, mentre i genitori pranzano o sorseggiano un *drink*. Per quanto ne so, nessun bambino è stato mai ucciso da uno di questi attrezzi, né ha mai tentato di impadronirsene. A nessun genitore iper ansioso è mai venuto in mente di mettere in guardia il proprio figlio sul pericolo, pensando ad un possibile incidente e conseguente risarcimento. Sono certo che il Grande Fratello e la cultura della richiesta dei risarcimenti un giorno raggiungerà perfino la Finlandia. Per ora è bello sapere che questa è ancora lontana anni luce da una simile mentalità.

Abbiamo sempre notato che effettivamente non ci sono mai cartelli come "Attenti alla testa" o "Attenti al gradino". La regola è che se si inciampa o si batte la testa contro una trave, la volta seguente si presterà maggiore attenzione. E' così e basta – solo un piccolo malaugurato incidente.

In realtà, grazie al rapporto così stretto che hanno con la natura, i finlandesi crescono con l'idea che gli incidenti possano accadere e che -nella maggior parte dei casi -siano davvero solo incidenti. E' possibile infatti che un alce si schianti contro la finestra di una casa nel bosco. Non può accorgersi, con la sua debole vista, che gli alberi intravisti sul vetro sono solo un riflesso degli alberi . E' possibile cadere in un lago ghiacciato quando lo strato di ghiaccio è troppo sottile. Sono cose che accadono, ed a nessuno verrebbe mai in mente di chiedere un risarcimento alla commissione forestale, o al comune per non aver segnalato il pericolo di alci o d' instabilità del ghiaccio, quando è troppo sottile.

I finlandesi hanno un'accettazione filosofica degli eventi, particolarmente quando sono dovuti a Madre Natura. Alcuni amici ci hanno detto che, quasi in ogni famiglia, qualcuno è caduto nell'acqua ghiacciata del lago quando lo spessore non era sufficiente a sostenerne il peso, scomparendo sotto la sua superficie, senza mai venir ritrovato. Ci hanno raccontato questi episodi casualmente, senza nessuna intenzione di traumatizzarci, come fatti ineluttabili con cui tutti quanti devono fare i conti in questo Paese. Fatti dovuti ai pericoli insiti nella natura, ma forse anche al desiderio recondito dei finlandesi di cercare situazioni estreme.

Di recente in Finlandia c'è stata la più impressionante e persistente nevicata degli ultimi quarant'anni – così ci è stato detto– e la quantità di neve accumulatasi sui tetti delle case ha raggiunto livelli di grande pericolosità. La neve è rimasta soffice e asciutta per vari mesi, ma un aumento di temperatura, seguito da condizioni atmosferiche glaciali, ha fatto sì che il suo peso divenisse motivo di preoccupazione. Il ministero degli alloggi pubblici dichiarò che il pericolo di un possibile crollo dei tetti, soprattutto nei grandi edifici pubblici con tetti orizzontali, non doveva essere sottovalutato e raccomnadò' di rimuovere la neve.

Con tipica diligenza finlandese, accompagnata dal rispetto per le direttive dell'autorità, il seguente *weekend* tutti quanti erano sui tetti a sgombrare la neve dalle tegole e dai tetti di lamiera. Il risultato fu che centinaia di persone scivolarono giù dai tetti, finendo in ospedale con gambe rotte e altri gravi problemi. Alla notizia di questi incidenti il ministro disse, "Ovviamente si deve usare il buon senso, quando si spala la neve."

Fin da bambini, a scuola, s' impara come affrontare il ghiaccio, visto che ricopre i laghi per metà dell'anno, e come muoversi in caso di pericolo; ad esempio rotolando sulla superficie ghiacciata invece di camminare, in modo da esercitare la minor pressione possibile sul precario supporto offerto dall'acqua gelata. Dopo di che si possono prendere delle precauzioni: si possono comprare un paio di monopole con punte acuminate, in vendita in qualsiasi negozio, che facendo presa sul ghiaccio, aiutano a sollevarsi dall'acqua gelata, ma gli incidenti accadono. La decisione alternativa è di non uscire di casa, ma i finlandesi amano i loro laghi ghiacciati e gli incidenti fanno parte del gioco.

Abbiamo visto queste manopole. Hanno la punta acuminata e una corda attaccata a entrambe le estremità. Si possono portare attorno al collo per poi servirsene in caso di emergenza. Molti negozi iniziano a venderle in ottobre; mi sono spesso immaginato il povero sfortunato (o il povero sciocco) che decide di fare una passeggiata su centinaia di metri d'acqua ghiacciata, sfidando lo scarso spessore del ghiaccio e ci cade dentro in un punto in cui il ghiaccio è troppo sottile. Il suo corpo si immerge a temperature sotto zero, i piedi ciondolanti nelle acque scure, il capo che sbatte il contro il ghiaccio soprastante, le mani che tentano disperatamente di fare presa in qualche punto per cercare di riconquistare la superficie ghiacciata. Il pensiero di togliermi le maniglie dal collo e di sollevare la testa dall'acqua nel tentativo di sopravvivere mi terrorizza. Il pensiero delle gambe che galleggiano sotto il ghiaccio, le forze che diminuiscono mentre cerco di tirarmi fuori dal buco, mi fa rabbrividire – nel senso letterale del termine. Ma sembra invece che i finlandesi accettino questa situazione come un normale fatto della vita.

Siamo stati molte volte sul lago ghiacciato a camminare o con la slitta, ammirando la bellezza della natura intorno a noi. Ma, prima di avventurarci sul ghiaccio, abbiamo sempre aspettato di vedere auto, trattori e sciatori sfidare il destino ed abbiamo sempre chiesto consigli ai nostri esperti vicini per essere certi di poter camminare in sicurezza e tranquillità.

Gli incidenti succedono, ed i finlandesi li accettano . Il nostro vicino Jorma, con la sua più che collaudata esperienza di pesca, conosce il lago ancor meglio delle sue tasche. La sua conoscenza di ogni angolo e di ogni piega del lago è davvero unica. Sarebbe in grado di orizzontarsi anche bendato, o nel mezzo della notte più scura, evitando le molte isole di cui è costellato il Paijanne.

Un giorno in inverno Jorma uscì alla guida del suo gatto delle nevi con un rimorchio al traino, probabilmente con l'intenzione di controllare le reti da pesca calate nel lago. Dalla finestra della nostra cucina lo vedemmo dirigersi verso il lago aperto. Girò dietro il capo dell'isola che sta di fronte a noi, e lo perdemmo di vista. Non era un inverno particolarmente rigido; il ghiaccio ricopriva la superficie dell'acqua, ma lo spessore era solo di qualche centimetro.

La conoscenza di Jorma di ogni crepa del lago è davvero unica, ma sulla strada del ritorno attraversò una zona di ghiaccio particolarmente sottile ed il gatto delle nevi con il rimorchio al traino affondarono miseramente nell'acqua profonda del lago. Lui riuscì a gettarsi dal veicolo che affondava e a rotolare sul ghiaccio fino a raggiungere la sponda; fu poi riportato a casa da un amico che viveva nelle vicinanze.

Lo incontrammo poco tempo dopo e mostrammo la nostra angoscia all'idea del pericolo che aveva corso. Lui era rilassato e sorridente. Questo incidente non l'aveva traumatizzato, né gli aveva tolto il buonumore. Ci raccontò quello che era successo con molta semplicità , dicendoci che avrebbe tentato di recuperare il gatto delle nevi in futuro, una volta scioltosi il ghiaccio. Fine della storia.

Sicuramente questo non è fatalismo. E' invece un meraviglioso senso di accettazione degli eventi che fanno parte della cultura di questo paese e del suo *habitat*. Non c'è quindi da stupirsi se, qualora si inciampi su un ciottolo di un marciapiede dissestato, a nessuno venga neppure in mente di sporgere denuncia.

I finlandesi sembrano avere un approccio meravigliosamente candido nei confronti della vita e degli affari. In molti Paesi le persone che svolgono un lavoro pubblico, quindi di assistenza e di aiuto, sono spesso riprovevoli esempi di arroganza e di intolleranza. Danno l'impressione di lavorare controvoglia, e se ne stanno seduti a filosofeggiare sul significato della vita, mentre chi ha bisogno dei loro servizi viene considerato una vera e propria seccatura. In Finlandia il concetto prevalente è che tutti fanno parte di questa piccola nazione, ed il personale degli uffici – pubblici e privati – vuole davvero essere d'aiuto. C'è ancora attenzione per le persone ed amore per il proprio lavoro.

Potrei citare come esempio vari casi, che ci hanno riguardato direttamente, sulla Sonera (l'azienda telefonica), o la IF (ex Sampo, la compagnia assicurativa), dove le richieste di informazioni venivano gestite da una persona competente, (non da un *call centre* situato in India o a Timbuctu); venivano date risposte in modo veloce , educato e sicuramente più economico di quanto non succeda da noi, dove la telefonata si prolunga oltremisura, magari perché il "consulente" (questo è il termine oggi utilizzato; sono tutti consulenti ormai) non comprende bene la lingua dell'interlocutore.

In Finlandia le questioni vengono trattate da persone che conoscono la Finlandia, non da persone che stanno sedute in un ufficio di Bombay, per le quali comunque una *property ladder* è la proprietà di una scaletta e l'inflazione è il gonfiare una bambola di gomma per la soddisfazione di qualche vecchio voglioso.

. . . .

Una cosa che ci ha colpito fin dall'inizio è la percezione dei finlandesi nei riguardi del lavoro.

Il lavoro è qualcosa che si deve fare per occupare il tempo e per procurarsi quel tanto che basta per finanziare i piaceri della sauna, poter andare in barca e in vacanza e permettersi di mangiare salsicce; ma il lavoro è anche visto come un'interferenza con la vita, un dovere sgradito, ed ogni scusa è buona per evitarlo quando è possibile.

La protezione offerta da una democrazia socialista, in cui le imposte sui redditi sono sempre state alte, ma alti sono anche i benefici di cui godono i contribuenti, ha favorito lo svilupparsi di un clima rilassato nei riguardi del lavoro, con il conseguente desiderio di cogliere qualsiasi occasione per alternare il lavoro al piacere nella consapevolezza che comunque is posto di lavoro sia garantito. Almeno così succedeva fino a poco tempo fa, prima che la morsa della crisi globale, che ha avuto gravi ripercussioni sui lavoratori, si facesse sentire in modo pesante anche in questo Paese.

Mi ricordo di un semplice episodio di molti anni fa, in una tiepida serata d'estate, quando Celia e io eravamo in piedi sul nostro pontile, sulle acque del Paijanne, ad ammirare il colore del lago e le meravigliose foreste che ci circondavano.

Una piccola barca a motore, proveniente dalla riva opposta del lago, si avvicinò a noi e Irja, Pekka e famiglia vennero a salutarci. Li invitammo a legare la barca ad un anello di attracco, in fondo al pontile ed a bere qualcosa con noi in giardino. Irja avvolse pudicamente uno scialle attorno al *bikini* e, scendendo dalla barca con Pekka ed i figli, ci presentò un altro passeggero che i bambini chiamavano zio. Era il fratello di Irja. Passammo circa un'ora a sorseggiare *gin and tonic* e birra nella luce calante della sera, seduti attorno ad un tavolo sul prato dietro la casa.

La compagnia era piacevole e la serata tiepida e perfetta. Alcune zanzare danzavano attorno alle luci. La sera cedeva il passo alla notte ed il pallido riflesso delle lampade faceva assumere alle nostre ombre dimensioni enorme. Quando arrivò l'ora di accomiatarsi, lo "zio" espresse il suo disappunto all'idea di dover andare al lavoro la mattina seguente, dopo un *weekend* così meraviglioso e dopo avere riflettuto sulla cosa per alcuni istanti, prese la sua decisione: no, al lavoro non ci sarebbe proprio andato; in ufficio comunque non c'era molto da fare, e il suo capo avrebbe capito. Il lago, la foresta, l'estate, la barca, i *drink...* tutte cose molto più interessanti del lavoro.

A me è successo molto di rado di imbattermi in un capo così comprensivo.

Mi ricordo di una bellissima casa in legno proprio al centro del villaggio che, tempo fa, tutto d'un tratto venne adibita a negozio di antiquariato. Un attimo prima l'edificio era vuoto, un attimo dopo aveva aperto le sue porte ed esponeva una collezione di mobili antichi, dipinti, oggetti in uso nelle fattorie, servizi di porcellana, bauli e così via. Visitammo il negozio più volte e acquistammo anche alcuni mobili che in quel momento ci sembravano adatti alla nostra casa. Alcuni li abbiamo ancora, altri li abbiamo regalati o li abbiamo buttati via. Facemmo amicizia con la proprietaria, una piccolina dai capelli rossi di nome Sari, che per combinazione aveva preso in affitto una casa non lontano da noi, nella punta più estrema dell'isola.

Dopo una sola estate di attività, Sari annunciò che avrebbe chiuso il negozio di antiquariato. Si sarebbe trasferita a Lahti, una città a novanta chilometri di distanza. Ne aveva avuto abbastanza dell'ambiente del villaggio e voleva provare la vita dinamica di una città. Non aveva idea di che cosa avrebbe fatto. Potemmo solo augurarle buona fortuna.

Un anno dopo la rivedemmo al villaggio durante il tradizionale mercato estivo del sabato. Sari aveva lavorato a Lahti per qualche settimana per poi decidere di trasferirsi nella più interessante Helsinki, dove aveva trovato lavoro in una compagnia di assicurazioni. Non era sicura che quel lavoro le piacesse e non sapeva per quanto tempo avrebbe resistito. Potemmo, un'altra volta ancora, solo augurarle buona fortuna.

Diversi amici, tutti ormai di mezza età, sposati o conviventi con i loro partners, hanno deciso, chi prima e chi dopo, di prendersi un'aspettativa dal lavoro per ritornare sui banchi di scuola, iscrivendosi a un corso di laurea all'università. Le ragioni, stranamente, erano le stesse per tutti. "Ho bisogno di un periodo sabbatico dal lavoro e di ritornare a studiare per dimostrare a me stesso che sono in grado di raggiungere un traguardo." In realtà dopo l'anno sabbatico sono tutti tornati al loro posto di lavoro, conservato per tutta la durata dei loro studi. Ne hanno sicuramente ricavato una soddisfazione personale, ma nessuno di loro ha utilizzato per uno scopo pratico il diploma o la laurea conseguiti.

Il lavoro sembra essere una sorta di sgradevole ostacolo che impedisce di fare le cose che piacciono davvero, come raccogliere funghi o andare in barca d'estate, sciare, camminare nelle foreste, o anche non fare nulla. Qualche volta i finlandesi amano starsene seduti a pensare, altre volte semplicemente starsene seduti - purtroppo ad un costo ragguardevole per lo stato.

Il sistema di assistenza sociale sembra alla fine aver compreso che lo stato non può più permettersi di tollerare questo approccio rilassato nei confronti del lavoro, né di continuare a garantire i numerosi benefici di cui i lavoratori godono attualmente; le cose si stanno lentamente modificando. Sono state attuate nuove normative riguardo ai sussidi di disoccupazione. Dopotutto i contribuenti sono troppo pochi un Paese con una popolazione adulta di poco più di tre milioni di persone e con un vasto territorio vuoto da curare, proteggere , valorizzare e sviluppare; ma soprattutto con gli impegni presi con la famigerata cassa del tesoro dell'Unione Europea.

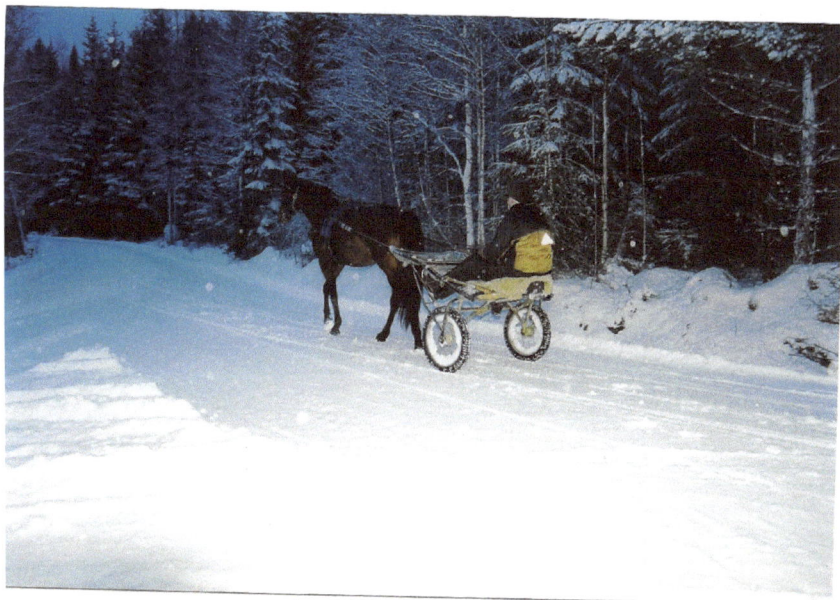

Allenamento

Paijanne

Questo enorme lago, situato nel centro del ventre della Finlandia, si estende per circa centottanta chilometri da sud a nord. Da Lahti a Jyvaskyla (uno dei nomi dalla pronuncia più difficile, sulla quale tutti ti correggono continuamente), simile ad un taglio lungo e largo nella campagna finlandese, sembra proteggere, con la sua presenza imponente, le migliaia di laghi minori della Finlandia centrale.

Polizia Galleggiante

Il Paijanne non è il lago più grande del Paese. Questo primato spetta al Saimaa, un immenso bacino della Finlandia sud-orientale, con una costa frastagliata che dà l'impressione di vedere un immenso numero di laghi diversi, tutti in qualche modo collegati fra loro da ponti e traghetti e punteggiati da innumerevoli isole.

E' però il più antico lago finlandese ed anche il più profondo. Le sue origini risalgono all'era glaciale, quando l'attuale Finlandia era solo una massa di ghiacci perenni. Ha anche la fama di essere il lago più pulito e le sue acque arrivano fino a Helsinki tramite un canale artificiale che consente alla capitale di avere riserve di acqua potabile a sufficienza. Qualcuno una volta ci disse – in tono scherzoso – che se si fa pipì nel Pajanne a Jyvaskyla, prima o poi qualcuno la berrà a Helsinki. Naturalmente era solo una battuta di spirito, ma quando siamo a Helsinki beviamo solo acqua minerale. La prudenza non è mai troppa.

Il Pajanne è un paradiso per uccelli e per birdwatchers e, grazie alla profondità delle sue acque, vi hanno trovato rifugio alcune delle più rare specie di uccelli pescatori e tuffatori. Dalla finestra della nostra cucina ammiriamo spesso gli svassi e i loro piccoli mentre nuotano pacifici di primo mattino. Parlottando incessantemente fra loro con i loro tipici gridolini, di tanto in tanto si tuffano nell'acqua con un movimento veloce e scompaiono dalla vista. Gli svassi sono più grandi delle anatre e si muovono nell'acqua in modo aristocratico, la cresta di piume nere che ondeggia con grazia da destra a sinistra prima di tuffarsi, un tuffo che può durare diversi secondi e coprire decine di metri sott'acqua. Sono uccelli timidi, raramente a riva, e vederli di tanto in tanto riposare sul nostro pontile o ai bordi del giardino è molto appagante.

Anche le strolaghe, con il loro piumaggio nero, qualche volta trovano il coraggio di fermarsi a riposare sul nostro pontile di legno, erette in una posizione buffa dovuta al fatto che hanno le zampe molto arretrate sotto il corpo. Sono uccelli molto rari; vivono solo nel Pajanne che, grazie alla sua profondità che in qualche punto raggiunge più di cento metri, offre loro un *habitat* ideale, in cui possono fare lunghe immersioni, perfino senza respiratori. Sono anche questi uccelli molto timidi, molto belli e di notevoli dimensioni ci sentiamo privilegiati ad averli intorno a casa.

Si vedono spesso pure le anatre dagli occhi d'oro, come del resto le anatre comuni che d'estate conducono i loro anatroccoli quasi fino ai gradini di casa alla ricerca di briciole di pane. Ogni anno fa la sua comparsa anche una famiglia di oche canadesi. Nonostante siano davvero belle e maestose quando nuotano tranquille, con il loro lungo collo alto e dritto, sono una vera seccatura per tutte le case sul lago, dove trovano rifugio per la notte. Hanno infatti la brutta abitudine di produrre una quantità eccezionale di escrementi di dimensioni colossali sulla riva del lago e sul giardino, come se una colonia di invasori appartenenti al genere umano vi abbia fatto irruzione dopo un pasto sostanzioso.

Cigni e gabbiani sono abituali abitanti del lago. I primi nuotano tranquillamente, a coppie, seguiti dai piccoli, in genere silenziosi; in volo invece fanno risuonare nel lago il loro lamento gutturale, prima di planare sull'acqua con grandi spruzzi, come fossero bianchi aeroplani. I secondi costantemente chiassosi, col loro tipico suono stridulo, soprattutto quando parcheggiano i loro piccoli sul nostro pontile con l'ordine di non muoversi da lì. I piccoli dei gabbiani hanno sempre un aspetto dimesso e triste, ancora incapaci di tenersi in piedi con l'aria altera dei gabbiani adulti. Quando osiamo avventurarci in giardino in presenza dei loro piccoli, siamo spesso minacciati dai genitori che, protettivi, si dirigono verso di noi in picchiata, stridendo in modo arrabbiato, come fossero acrobati del cielo in battaglia.

Sul Pajanne capita anche di vedere creature inconsuete. Mi ricordo che alcuni anni fa, guardando il lago dalla nostra finestra, rimasi sconcertato alla vista di uno strano oggetto scuro che galleggiava sull'acqua a breve distanza da casa. Aveva un aspetto inconsueto. Non era certamente una barca, né un essere umano. Con l'aiuto di un binocolo mi resi conto che "il mostro di Loch Ness del Pajanne" era in realtà un alce che nuotava beato nella parte del lago di fronte a noi, attraversandola da un estremo all'altro. Le grandi corna ramificate scure e minacciose, il capo a pelo d'acqua. Passò davanti a noi, dando l'impressione di sapere esattamente dove andare, nuotando con grande sicurezza, con un'aria calma ed allo stesso tempo aggressiva. Tirammo un sospiro di sollievo all'idea di non averlo incontrato in mezzo al lago con la nostra barca a remi. L'incontro sarebbe stato tutt'altro che piacevole. Fummo tentati di andare alla sponda del lago a salutarlo con la mano e rivolgergli affettuose   parole di benvenuto, ma decidemmo invece di restarcene rintanati per non spaventarlo. Gli alci non parlano inglese.

Gli alci, nonostante la loro grossa stazza e l'estensione delle corna, si muovono agevolmente attraverso il folto delle foreste, senza fare rumore e senza sbattere le corna contro gli alberi. Una volta, durante spedizione in compagnia di un agente immobiliare locale, quando eravamo ancora alla ricerca di una casa, dovetti fermare l'auto lungo una strada nella foresta per soddisfare un bisogno naturale. Mi resi invisibile arrampicandomi su un pendio e nascondendomi dietro agli alberi. Quando mi rimisi in macchina Celia e Kurt ridevano come matti, indicando il punto del bosco da cui ero emerso. Avevano visto un alce gigantesco che si era avvicinato a me dietro, le spalle, così vicino pareva mi avesse addirittura annusato la schiena. Io non mi ero accorto di nulla.

Nel Pajanne c'è grande abbondanza di pesce - lucci, pesci azzurri, dentici, trote, salmoni, e molte altre specie che non sono in grado di elencare data la mia scarsa conoscenza in materia ittica, ma che ho visto Jorma pescare e che ho perfino gustato con piacere. Sono tutti pesci sani, nonostante persista ancora il timore che, in seguito al famoso disastro di Chernobyl, accaduto nel 1986 in Ucraina, l'acqua del lago possa essere inquinata ancora oggi.

E' un lago straordinariamente bello. Le sue migliaia di isole sono il *buen retiro* di tante persone che nei loro *cottage* estivi si godono il meglio della solitudine e della pace della vita finlandese. Non dimenticherò mai la volta in cui Iris e Juhani, che all'epoca avevano ancora un *cottage* su un'isoletta, ci invitarono ad una cena frugale a base di pesce e patate per ammirare il sole e la luna, entrambi visibili sui due lati opposti del lago. Ci portarono sull'isola con la loro barca a motore e, gustando una birra e del pesce bollito, godemmo una vista mozzafiato. Il sole, di color arancione, si tuffava nel Pajanne verso ovest, mentre la luna, splendente, sorgeva in quel momento dall'altra parte dell'isola, verso est. Sia il sole sia la luna erano di dimensioni enormi. Era sicuramente valsa la pena di fare una traversata di mezz'ora per assistere a quello spettacolo.

Quando iniziammo a venire nella nostra casa sul Pajanne, il pontile era solo una piccola piattaforma di legno, tenuta a galla da tubi neri di plastica rigida. Non superava sicuramente i quattro metri quadrati di superficie, ma nonostante fosse instabile e fluttuasse ogni qual volta investita dalle onde delle barche, ci trascorrevamo le ore godendoci il sole, pranzando e sorseggiando i nostri *drink* su un piccolo tavolino rotondo di metallo, seduti su seggiolini di tela. Sono certo che la gente, vedendoci dalle barche, ci considerasse come una pazza coppia di mezza età; per fortuna non sapevano che eravamo inglesi, altrimenti ai loro occhi saremmo di sicuramente apparsi come esempio tipico dell'estrema eccentricità britannica. Era divertente.

Il Pajanne d'estate brulica sempre di barche a vela ed a motore; anche il motoscafo della polizia si aggira spesso in mezzo al lago. Si accerta che le imbarcazioni rispettino il limite di velocità e spesso le ferma per controllare i documenti ed eventualmente anche il tasso alcolemico dei piloti. Per noi era tutto nuovo e ci godevamo ogni singolo attimo. Ora, passati un po' di anni, le cose ci sono diventate familiari. Non ci preoccupiamo più di fare cenni di saluto con le braccia , soprattutto da quando, anni fa, vedendo davanti a casa nostra un tale che si sbracciava in modo frenetico, pensammo che ci stesse salutando calorosamente. Non ci eravamo accorti che il poveretto era nei guai; gli si era rotto il motore. Non ci eravamo mai sentiti così stupidi.

Fu anche il tempo delle cose perse nel Pajanne. I miei occhiali, per esempio. Un giorno, apprestandomi a fare una nuotata, ero appena sceso dalla scaletta del pontile ed entrato in acqua, quando Celia mi chiamò, indicandomi qualcosa. Ormai immerso nell'acqua, mi resi conto che mi ero dimenticato di togliermi gli occhiali che, galleggiando, lentamente si allontanavano nel lago Era ormai troppo tardi per recuperarli. Affondarono inesorabilmente nel fondo .

Per fortuna ne avevo un paio di riserva – una vecchia montatura che ricordava gli occhiali di Hank, il chitarrista degli *Shadows*, una *band* degli anni sessanta. Per un po' di tempo, prima di riuscire a comprarmene un nuovo paio, in Inghilterra, andai in giro con i miei spessi occhiali di tartaruga che mi facevano sembrare un cieco.

In un'altra occasione, Celia ed io decidemmo di bere dello champagne sul pontile, brindando alla Finlandia ed all'estate. Dopo aver riempito il primo bicchiere, venne decisi – che idea geniale! - di tenere la bottiglia al fresco, appoggiandola su delle pietre nell'acqua. Purtroppo l'idea fu tutt'altro che geniale. La bottiglia si mantenne in piedi per circa tre secondi, prima che le ondine delicate la allontanassero, fino a farla scomparire nel fondo del lago.

Poi ci fu la volta in cui ero in piedi sul pontile, sotto il sole, con il nostro telefono *cordless* nella tasca dei pantaloni, pronto a ricevere quella telefonata importantissima dal mio ufficio, la telefonata che avrebbe cambiato la nostra vita. Non ho idea di che cosa sia successo. So solo che caddi dal pontile e finii nel Pajanne, vestito di tutto punto. E non posso neanche dire che avevo bevuto un *whisky* di troppo; non era ancora mezzogiorno. Mi arrampicai sulla piattaforma di legno, gli occhiali di tartaruga ancora sul naso, ma ricordo che la mia prima preoccupazione fu per il telefono. Lo estrassi dalla tasca e ingenuamente lo misi sul pontile, al sole, pensando che una volta asciugatosi avrebbe ripreso a funzionare. Non riprese a funzionare, naturalmente, e dovemmo comprarne un altro.

E mi ricordo anche di un incidente simile, occorso dopo che avevo affinato le mie abilità tecnologiche ed avevo comprato un telefono cellulare. In questo modo potevo essere in contatto con l'ufficio in ogni momento, senza usare il telefono di casa o il telefono pubblico, ovunque mi trovassi, perfino sul nostro pontile traballante sul lago, nel mezzo della Finlandia. Così eccomi lì , con il mio telefono in mano, quando un inspiegabile movimento del pontile fece finire in acqua il mio *Motorola* a conchiglia. Quell'oggetto tecnologico che mi rendeva tanto orgoglioso era scomparso per sempre, inghiottito dalle acque. Restai immobile a guardare il telefono nero che affondava impietosamente, con un lieve sorriso di scherno sul *display*. Mi immaginai un bel luccio sul fondo sabbioso, con i miei occhiali sul naso, che beveva il mio champagne e parlava con gli amici al mio telefono cellulare!

Era arrivato il momento di sistemare il nostro pontile e di renderlo più stabile.

Durante le vacanze, in luglio, alcune città della Finlandia, come Helsinki, Espoo, Porvoo ed altre, si svuotano ed i loro abitanti si riversano in massa sui laghi della Finlandia centrale a bordo delle loro barche. Queste persone non tengono in alcuna considerazione i "contadini" come noi e gli altri abitanti della campagna. Arrivano così vicino a riva che le graziose ondine, provocate dai loro scafi e dalla loro sconsiderata velocità, distruggono sia i pontili, sia la costa. Poi nei supermercati del villaggio, facendosi largo fra gli abitanti del luogo con aria sprezzante, guardano dall'alto in basso quella che loro considerano una sorta di razza inferiore. Guidano i loro motoscafi tutti nello stesso modo, in piedi al posto di comando all'aperto, credendosi vicini al cielo, senza preoccuparsi minimamente degli altri natanti ed in particolare della nostra barchetta a remi.

Il pontile galleggiante fu trasformato in uno più grande e più stabile, con dei veri sostegni fissati sul fondo del lago. Ma la conseguenza del suo ingrandimento fu che un maggior numero di uccelli lo utilizzava come rifugio durante la notte e nelle prime ore del mattino: così la prima occupazione della mia giornata divenne (ed è tuttora) lavare le assi per ripulirle dai loro escrementi colorati, segno visibile di dieta variegata.

Comunque, il fondo sabbioso del Pajanne non custodisce solo le mie cose. Pekka è un amico ed un appassionato musicista. Suona il piano e la fisarmonica ed ha una piccola *band* che si esibisce, per la gioia degli ospiti, in occasione di feste, matrimoni e compleanni. Nel suo spazioso appartamento, nel quale sua moglie Irja è nell'eterna speranza di avere una nuova cucina, Pekka ha un pianoforte a muro dotato del congegno che nasconde il suono, così da potersi godere la sua musica attraverso le cuffie senza disturbare gli amici e la famiglia.

Non c'è niente di più bello di una festa sul Pajanne nel pieno dell'estate. Si fanno dei falò sulle barche; alla sera si beve a bordo, godendo ancora della luce del giorno. Si nuota e ci si diverte come matti. Pekka in questo non fa eccezione ed insieme ad alcuni amici decise di fare una breve gita in barca lungo il nostro angolo di lago, portando con sé la fisarmonica per fare un po' di musica sull'acqua

L'estate è il periodo in cui i finlandesi fanno fatica a contare la quantità dei *drink* bevuti; anche Pekka ed i suoi amici devono aver perso il cont. Finirono tutti in acqua e Pekka vide la sua adorata fisarmonica affondare miseramente sotto i suoi occhi nelle acque profonde. Così ora il famoso luccio non solo beve il mio champagne mentre parla con gli amici al mio telefono cellulare con i miei occhiali sul naso, ma organizza anche feste danzanti in cui suona la musica con la fisarmonica di Pekka.

Fino ad alcuni anni fa era consueto vedere un lento convoglio di tronchi d'albero, spinto da una barca a motore, passare davanti alle nostre finestre e virare al largo, diretto verso una delle numerose cartiere situate sulle sponde del lago. Alcune delle più importanti cartiere del mondo si trovano sul Pajanne; vengono rifornite di tonnellate di tronchi d'albero, il cui trasporto è ormai assicurato soprattutto da camion provenienti da tutto il Paese, e dall'estero. E' sempre bello vedere i tronchi che si muovono sull'acqua come in passato, quasi al rallentatore e in completo silenzio; cosa che mi fa andare indietro con la mente, ai ricordi di film *western* visti da bambino in cinema fumosi, in cui i tronchi venivano spinti lungo le rapide dei fiumi, mentre gli Indiani spiavano dall'alto delle colline.

Lungo il Pajanne non ci sono né Indiani, né vere colline - soltanto belle e tranquille foreste. Ma l'enorme massa di tronchi, spinti e tenuti insieme da due piccoli rimorchiatori, è quasi un salto indietro nel tempo, oltre ad essere un salto in avanti verso un futuro rispettoso dell'ambiente. Non ci sono rapide da superare o frecce nemiche da schivare, ma solo una navigazione tranquilla sul lago.

Però il lago può anche cambiare umore improvvisamente e diventare una massa d'acqua pericolosa e aggressiva, specialmente quando arrivano temporali estivi che crescono ed esplodono in tutta la loro potenza.

Mi ricordo di aver visto, dopo una giornata assolata, il cielo del Pajanne farsi di colpo plumbeo e tempestoso, con venti sempre più forti che curvavano i salici dei giardini, finestre e porte che sbattevano quasi all'unisono. Le nuvole nere, gonfie di pioggia, si rincorrevano in una sorta di danza spaventosa e irreale.

Dal capo dell'isola di fronte a noi apparve un grande cabinato bianco, bello a vedersi, sicuramente con dei passeggeri a bordo che, dopo aver trascorso una giornata piacevole sul Paijanne, non vedevano l'ora di rilassarsi con un *drink* nel porto del villaggio, al termine della loro breve crociera. La barca sembrava essere in serie difficoltà, ed era spinta come un galleggiante di carta verso la nostra sponda. Non riusciva a mantenere la rotta e dava l'impressione di essere totalmente ingovernabile: era solo un minuscolo oggetto galleggiante in balìa della forza del lago.

Chiamai Jorma, che in molte occasioni aveva soccorso imbarcazioni alla deriva, ma a casa c'era solo Elina, la figlia maggiore. Anche lei aveva visto da casa sua la barca alla deriva ma, nonostante non le mancassero le capacità od il coraggio necessari per intervenire, a quell'epoca non aveva ancora la licenza per pilotare da sola la grande barca da pesca di suo padre. Così assistemmo impotenti allo spettacolo dell'imbarcazione sballottata qua e là verso entrambe le sponde del lago, sempre più vicina a noi, fino a che tutto d'un tratto il motore sembrò riprendere il controllo sull'acqua. La vedemmo virare lentamente verso il villaggio, verso le acque più calme del porto. Pajanne, il grande lago, ci aveva ricordato quanto grande potesse essere la sua forza.

Come ogni cosa in Finlandia, Pajanne ha due vite separate, ognuna particolare e molto diversa dall'altra.

Alla fine dell'estate, che di solito in Finlandia coincide con il mese di agosto, l'atmosfera del lago cambia. Gli uccelli si raggruppano, pronti per migrare verso paesi più caldi. Un grande numero di gabbiani si raduna in mezzo al lago ad aspettare un segnale invisibile per ripartire. Miriadi di viscarde si posano sul nostro prato e becchettano qualsiasi tipo di cibo trovino per terra, immagazzinando energia per il lungo volo che le attende. I cigni volano via a coppie ed il loro stridìo echeggia attraverso l'acqua. Tutte queste creature si preparano per l'arrivo imminente dell'inverno.

Soltanto le cince, le gazze, le ghiandaie, i ciuffolotti e i picchi rimangono a combattere le asperità dell'inverno. In realtà nel nostro giardino hanno vita facile perchè riempiamo regolarmente la loro mangiatoia di semi di ogni tipo. Una volta ne acquistammo alcuni definiti energetici, secondo le indicazioni riportate sui sacchetti di plastica. Ci aspettavamo di vedere gli uccelli trasformarsi in piccoli razzi, sfreccianti come schegge in tutte le direzioni. Ma invece non fu così; le nostre creature alate non sembravano aver fretta di nutrirsi del nostro cibo energizzante. Volavano via solo per fare un riposino pomeridiano, per poi tornare ad approvvigionarsi di un'altra razione giornaliera al calare della luce e all'avvicinarsi della sera.

Anche le anatre sono stanziali e non si muovono dal Pajanne, non sapendo che il 18 agosto, a mezzogiorno in punto, comincia la stagione della caccia. La mattina di questa giornata fatidica le barche cominciano a posizionarsi, con a bordo i loro passeggeri dall'aria minacciosa, in divisa mimetica da combattimento. Perfino alcune barche vengono mimetizzate e si confondono con i colori delle sterpaglie e delle piante acquatiche.

Tutti gli anni, a mezzogiorno in punto, sentiamo i primi spari echeggiare sul lago. Per le prime due o tre ore sono colpi intensi e frequenti, poi divengono più intermittenti, per diradarsi al crepuscolo. Il lago piomba nel sonno. Nei due giorni seguenti si sentono ancora alcuni colpi sporadici, intervallati fra loro, fino al momento in cui scompaiono del tutto. Le anatre più sagge hanno già imparato la lezione e si sono spostate verso il rifugio sicuro offerto dal porto e dalle case del villaggio, mentre le meno intelligenti sono già nel *freezer* dei cacciatori. La stessa storia si ripeterà l'anno prossimo. Dopo due o tre settimane, la stagione della caccia ufficialmente è ancora aperta, ma i cacciatori se ne sono andati.

Noi solleviamo dall'acqua la scaletta in fondo al pontile; mettiamo al coperto le sedie e i tavoli da giardino e stacchiamo la pompa che mi consente di riempire il secchio   per la sauna. I bambini sono già ritornati sui banchi di scuola da tempo, L'acqua del Pajanne sembra in qualche modo ridursi: il Paijanne si prepara per il gelo.

Arriva novembre. Come ogni anno l'acqua cala al suo livello più basso, e non sembra esserci una ragione scientifica a spiegazione di questo. Il lago semplicemente sta indossando la sua veste invernale. Un'atmosfera silenziosa avvolge la natura; Paijanne comincia ad assumere un'aria grigia ed immobile, in attesa della neve e del ghiaccio di cui si coprira' per sei mesi. Le parti più vicine alle sponde sono sempre le prime a essere coperte da uno strato sottile di ghiaccio che poi invade gradualmente zone sempre più ampie, spingendo via l'acqua e trasformando tutto in una superficie lucente, grigia ed immobile.

In quel periodo le sterpaglie, che in estate proteggono dalla vista molte case disseminate lungo le sponde, sono ormai morte e ridotte a basse canne secche, subito imprigionate dalla morsa del ghiaccio. Molti *cottage* si svuotano e vengono chiusi per l'inverno; i loro proprietari ritorneranno forse per le feste di Natale, o magari addirittura l'estate successiva. La luce del giorno cala rapidamente e la luminosità divieiene scarsa perfino nelle ore diurne. Poi l'oscurità, già dalle prime ore del pomeriggio, ha il sopravvento.

Quando ci sono dei "buoni" inverni, davvero freddi, il ghiaccio si inspessisce già molto prima di Natale, consentendo alla prima neve di stratificarsi e di illuminare la superficie del lago.

Sembra sempre che ci si aspetti prima del tempo che il ghiaccio diventi spesso, per poi passeggiarci sopra. C'è sempre qualcuno che fa da "apripista", accettando la sfida di avventurarsi per primo sul ghiaccio, sotto il quale giacciono, nascoste, decine di metri d'acqua. Come ho detto in precedenza, il rischio è enorme, ma questo è anche il periodo in cui il lago comincia a rivivere. Riappaiono i pescatori con le loro lunghe slitte da traino, con le casse piene di esche sui sedili di legno. Si fermano nei punti in cui " fiutano" la presenza dei pesci e con pesanti trapani fanno piccoli fori rotondi sui quali si curvano con loro corte canne da pesca. Le signore fanno passeggiare i cani sul ghiaccio, incontrando così altri abitanti del villaggio. Nella neve vengono scavate strade per consentire ai gatti delle nevi o alle auto di raggiungere le isole. Spesso camion o trattori trasportano materiali edili ai cottage sulle varie isole per effettuare lavori di riparazione o manutenzione, essendo più semplice trasportare questi materiali via terra, sul ghiaccio, che in barca sull'acqua,

Negli ultimi anni gli inverni non sono stati "buoni". Ormai pare impossibile prevedere in anticipo se l'inverno sarà davvero freddo. La gente sostiene che questo non abbia nulla a che vedere con il riscaldamento globale. Qualunque ne sia la ragione, il lago non si è ghiacciato fino a Natale, con grande delusione di bambini e adulti ma con comprensibile soddisfazione di Jorma, la cui attività di pesca si è avvantaggiata di stagioni molto più lunghe. La mancanza del ghiaccio e della neve hanno sempre significato inverni più bui. A causa della mancanza di luce, sempre più persone si sono ammalate di depressione , che in Finlandia si definisce *saad*. Fortunatamente noi non abbiamo sofferto a tal punto, ma abbiamo comunque sentito la mancanza della gelida brillantezza della neve sul lago che perfino di notte emana un bagliore confortante, soprattutto quando il cielo è limpido.

Negli ultimi due o tre inverni abbiamo dovuto attendere la fine di febbraio affinché la temperatura precipitasse, fino a raggiungere i trenta gradi sottozero e la neve diventasse alta e soffice. In febbraio le giornate sono già molto più lunghe di quelle precedenti il Natale e la luce è più limpida. Quando le temperature rimangono così rigide per periodi prolungati, lo spessore del ghiaccio raggiunge più di ottanta centimetri, sufficiente per sostenere quasi qualunque carico di peso e per rendere un'impresa impossibile scavarvi un buco.

Un paio di volte riuscii perfino a convincere Celia ad andare al supermercato del villaggio attraversando il lago invece di usare la strada normale. Non c'era una ragione reale, ovviamente, dato che la distanza da percorrere è breve, ma guidare su un lago ghiacciato sembra sempre un'avventura speciale.

Un febbraio di alcuni anni fa la nostra figlia maggiore venne a trascorrere una decina di giorni con noi insieme alla sua famiglia, in modo che i bambini potessero sciare. Neil, nostro genero, moriva dalla voglia di fare un giro sul lago ghiacciato con i due ragazzi. Naturalmente si era accertato che il ghiaccio tenesse, camminandoci sopra davanti a casa nostra, in un punto in cui l'acqua non era troppo profonda. I ragazzi in ogni caso l'avevano avvertito di fare attenzione quando non c'era il nonno a vigilare, ritenendomi il più grande esperto al mondo in fatto di ghiacci.

Un mattino Neil decise che era arrivato il momento di lanciarsi nella sua avventura. Bisognava far la spesa al villaggio, e mi chiese di andare con lui ed i ragazzi, volendo far loro una sorpresa sulla via del ritorno e sentendosi, con mia meraviglia, rassicurato dalla mia presenza nell'auto. Nel poticciolo accanto al ponte di legno tra la terraferma e la nostra isola, c'è sempre una leggera discesa che conduce al lago; d'inverno diventa una pista battuta per sciatori, auto, gatti delle nevi e veicoli simili, con cui raggiungere il ghiaccio e successivamente quella che noi scherzosamente chiamiamo " l'autostrada ", ampio tratto aperto nella neve da trattori , affinché i veicoli possano guidare in tutta sicurezza sulla superficie ghiacciata,

Sorrisi nel sentire i gridolini di *eccitamento* dei ragazzi quando le gomme chiodate finalmente fecero presa sulla superficie ghiacciata e l'auto s'inoltrò sul lago. Neil aveva ancora l'aria preoccupata, ma lo spessore dello strato del ghiaccio, solido come cemento, lo tranquillizzo' presto. Procedette per un miglio fino a raggiungere il centro della baia, da cui si poteva vedere la nostra casa immersa nella neve, non smettendo mai di sorridere. I bambini rimasero silenziosi, totalmente assorbiti dall' "avventura del piccolo esploratore nordico" che avrebbero raccontato ai loro compagni di scuola, una volta rientrati nel Devon. Per loro era stata una cosa magica – magica come può essere la Finlandia.

Gli ultimi due inverni sono stati straordinariamente belli e lunghi – e anche molto, molto freddi. Sulla Finlandia è caduta un'incredibile quantità di neve, e le temperature si sono assestate intorno ai 25 gradi sottozero, talvolta raggiungendo i meno 40 di notte. La neve è sempre stata morbida, soffice, simile a polvere bianca. Impossibile per i nostri nipoti modellarla per farne pupazzi di neve in giardino , troppo asciutta per compattarsi.

Dopo mesi di queste condizioni polari perfino i finlandesi cominciarono a lamentarsi e a desiderare che arrivasse un clima più clemente. A Helsinki l'amministrazione comunale dichiarò ufficialmente che gli spazi per scaricare la neve raccolta dagli spazzaneve in città cominciavano ad esaurirsi e che alcune pile di neve avevano raggiunto un'altezza di quasi quattordici metri. Era improbabile che la neve si sciogliesse completamente perfino con l'arrivo dell'estate. Era quasi come se ad un inverno ne subentrasse subito un altro, Ma il riscaldamento globale è comunque in atto, dicono gli esperti.

Il punto del Pajanne in cui si trova casa nostra è una baia profonda, in fondo alla quale, accanto al vecchio mulino, c'è il porto del villaggio. Il lago, prima di allargarsi in acque aperte, si restringe nella parte fra la terraferma e la grande isola situata di fronte a casa nostra, creando un vero e proprio collo di bottiglia. D'inverno, andando a piedi al villaggio o tornando a casa, bisogna affrontare i venti glaciali che si incanalano in questo imbuto naturale. Già alla temperatura di meno venti l'effetto del vento dà l'impressione di camminare al Polo Nord (dove non sono mai stato; sto solo lavorando di fantasia). A meno trenta bisogna coprirsi la bocca e il naso, gli occhi non smettono mai di lacrimare, ed il vento gelido fa percepire una temperatura di meno cinquanta. Il respiro si ghiaccia sui vestiti. La mia barba diventa rigida e se la toccassi potrebbe addirittura spezzarsi. Nonostante tutto questo, ci si sente puliti e in buona salute (oppure si muore in silenzio) , pregustandosi l'agognato *drink* una volta a casa. E' pero' piacevole allontanarsi dal gorgoglio del lago ghiacciato. Questo suono incessante causato dall'aria intrappolata sotto il ghiaccio, fa sempre temere un'imminente esplosione d'acqua , cosa che naturalmente non accade mai - almeno spero.

L'inverno ha anchde dentro di sé un qualcosa di speciale chiamato Natale. Se c'è un Paese che risponde alla visione romantica e tradizionale di un Bianco Natale, quel Paese è la Finlandia che, dopo tutto, è il paese di Santa Claus. A cominciare dagli aerei della Finnair, il cui *logo* invernale è "La linea aerea di Babbo Natale", ai pasti serviti a bordo, alle decorazioni dell'aeroporto di Vantaa, Natale vuol dire Finlandia.

Orde di turisti provenienti da ogni angolo della Terra portano i loro bambini in Lapponia per incontrare Babbo Natale che si prepara a partire per il suo estenuante viaggio intorno al mondo. In tutti i Paesi la televisione trasmette il momento fatidico della partenza: lui è ripreso con le redini in mano ed alla testa di una slitta di renne, tirata dal famoso Rudolph. Molti anni fa, alla vigilia di Natale, dicemmo a nostro nipote in Inghilterra che avevamo visto Babbo Natale partire dalla Lapponia per consegnare i giocattoli ai bambini buoni di tutto il mondo. Lui ci fece notare quanto viaggiasse velocemente Babbo Natale, dato che , a quanto sembrava , le calze con i regali erano già arrivate a casa sua nel Devon.

Nel periodo di Natale il Pajanne si anima, illuminato dalle luci dei cottage estivi che, abbandonati dall'estate precedente, riaprono le loro porte dopo mesi di silenzio. Immersi fra gli alberi lungo le sponde, danno al lago un'atmosfera fatata, evocando misteriose leggende nordiche, in cui le creature del bosco danzano nella neve in mezzo alle foreste. Sulla soglia delle case e nei giardini vengono accese candele, fiammelle tremolanti di gioia e speranza, ma anche di benvenuto per ospiti. Tapio e Aulikki, i due folletti delle saghe finlandesi, si muovono silenziosi dietro gli alberi e le rocce, svegliando gli animali e gli esseri umani per la Festa di tutte le Feste.

Alcune candele vengono accese in secchielli di ghiaccio. Basta lasciare all'aperto un secchiello di plastica, - pieno d'acqua per tre quarti - che la temperatura polare farà ghiacciare. Il secchiello, una volta rovesciato, lascia la sua forma ghiacciata con uno spazio vuoto al centro, dove viene posta una candela. Il metodo è semplicissimo, ma l'effetto della fiammella tremolante che si intravede attraverso il ghiaccio è davvero stupefacente. Una volta chiedemmo ad amici come si facesse e poi provammo anche noi, ma con secchielli di metallo: ottenemmo solo una serie di pezzi di ghiaccio. Quando gli amici vi dicono di utilizzare un secchiello di plastica, dovete fare esattamente come vi dicono, senza porvi troppe domande in proposito. Da allora ci abbiamo provato diverse volte ed il sistema ha sempre funzionato. Le candele sono davvero carine e, grazie alle temperature così rigide, i portacandela possono durare anche un intero inverno.

Qualche volta abbiamo passeggiato sul lago nelle buie vigilie di Natale, rientrando poi a casa per goderci una calda sauna depurante. E, come e' tradizone in Finlandia, anche noi andiamo al vicino cimitero dove accendiamo piccole candele. Il cimitero è in cima ad una piccolo collina e, guardando in basso dai gradini della cappella, si ha l'impressione di avere ai propri piedi una città tremolante, con le lucine fioche che illuminano ogni tomba, segno dell'amore e del rispetto dei vivi verso i loro cari defunti.

Il giorno di Natale, sul lago, tutto tace fino al pomeriggio, quando gli effetti del cibo e gli eccessi di alcol della sera precedente sono stati finalmente smaltiti. Allora gli sciatori se ne vanno sulla neve ghiacciata per ritemprare il corpo e rinfrescarsi la mente, ed i meno sportivi fanno delle passeggiat, nella speranza che i venti gelidi del lago si portino via i fumi della *koskenkorva* e della *vodka*.

Noi ci atteniamo alla nostra tradizione di festeggiare il Natale proprio il giorno di Natale, lasciando le passeggiate sul lago per il giorno dopo. Di solito gli effetti dell'arrosto di alce e del *joulu kinku* (il tradizionale prosciutto natalizio) svaniscono dopo un riposino davanti al televisore, senza il quale la giornata di Natale sarebbe ancora più noiosa.

Da Tehi, nelle giornate d'inverno, si può ammirare una delle più belle vedute del maestoso e selvaggio Pajanne. D'estate, Tehi è una fermata del traghetto che fa la spola fra Jyvaskyla e Lahti, mentre d'inverno è solo un pontile di legno che si estende sulla bianca superficie ghiacciata del lago. Dal fondo del pontile la vastità del Pajanne si spalanca in tutta la sua tranquillità silente; un immenso spazio coperto da neve, un deserto freddo e solido, interrotto e punteggiato solo da isolette disseminate qua e là . Si distingue a fatica l'ombra della costa di Sysma dalla parte opposta, a circa trentacinque chilometri di distanza.

Tempo fa un amico ci spiegò che questo lago, così lungo, è una barriera naturale che separa popolazioni finlandesi diverse: la popolazione dei Savo ad est – gente cupa, dura ed introversa – e la popolazione dei Kesku e degli Hame all'ovest – più gioviale, aperta e cordiale. La sola esperienza che abbiamo **a** riguardo della popolazione dei Savo è rappresentata da un nostro conoscente che ha viaggiato per il mondo in lungo e in largo, vivendo spesso all'estero. Non è quindi un esempio sufficiente per giudicare, anche se in tutta sincerità, questo individuo in fondo non è che ami molto le persone. Quindi qualcosa di vero nella teoria del nostro amico deve pur esserci.

Abbiamo portato amici e parenti a Tehi, ed abbiamo mostrato loro la strada nella foresta che conduce a Ruolahti, tipica immagine da cartolina illustrata, utilizzata in molti calendari per il mese di dicembre. Tutti - senza eccezione - sono rimasti estasiati dalla bellezza naturale del Pajanne in veste invernale. Nonostante giovani ed anziani, si sono tutti rotolati nella neve profonda accanto alle gambe di legno del pontile e, sdraiati, hanno agitato agitato gambe e braccia in una specie di lento volo, impersonando i famosi "angeli della neve". La Finlandia, con la sua atmosfera invernale semplice e pura, risveglia immancabilmente il bambino che c'è in noi.

I gatti delle nevi sono i mezzi di trasporto più frequenti sul Pajanne ghiacciato. Hanno sempre destato la mia curiosità quando li ho visti nei negozi; a volte ho perfino accarezzato l'idea di comprarmene uno. Sono impressionanti, colorati e pericolosi; potenti macchine da neve che non sembrano fermarsi davanti a nulla, sfrecciano sul lago ad una velocità terrificante, lasciando una scia di nuvole di neve. I loro piloti, vestiti con tute scure e caschi, hanno un aspetto decisamente minaccioso. Sono tutti di fabbricazione giapponese, variano di dimensione, ma hanno una caratteristica in comune: la velocità.

Un giorno venne a trovarci Ari, percorrendo col suo gatto delle nevi i diversi chilometri che separano la sua bella casa dalla nostra. Mi fece provare il suo bolide. E' solo un 250 cc, mi disse. Fu divertentissimo guidarlo, ma anche pericoloso, perché diversamente da una moto, non si inclinava su un lato quando sterzavo, per via della larga cinghia che fa preesa sul ghiaccio e dei due sci anteriori. Il suo peso e la sua larghezza lo rendevano tutt'altro che maneggevole. Era rigido e sembrava si dovesse ribaltare da un momento all'altro, ma era velocissimo ed eccitante. Andai dal nostro angolo del Pajanne a quello opposto nello spazio di due minuti; d'estate, remando sulla nostra barchetta, ne impiego più o meno venti. Celia ha sempre disapprovato l'idea ch'io ne avessi uno e purtroppo il gatto delle nevi rimarrà un sogno nel cassetto (il sogno di un vecchio!)

Durante l'inverno, il lago ghiacciato rende molto più facile fare alcuni lavori che sarebbe quasi impossibile fare sull'acqua

Qualche anno fa cecidemmo che ne avevamo abbastanza della barriera di sterpaglie che ingombravano la nostra sponda. Erano alte e folte, e vi si annidavano milioni di zanzare, aggressive ed abili ad usarle come bascondiglio, rendendo terribilmente difficile entrare in acqua senza essere punti. In passato avevamo notato che in una casa lungo la sponda, poco distante da noi, le avevano eliminate sradicandole dal fondo del lago con una scavatrice. Le sterpaglie erano scomparse, ma era sorto un problema: per un certo tempo l'acqua del lago, dal fondale molto sabbioso, rimase torbida e fangosa.

Contattammo alcuni esperti per una loro opinion in proposito. Uno ci propose un sistema che aveva già sperimentato in altri luoghi con grande success e senza sporcare minimamente l'acqua. Decidemmo di tentare. Insisteva però di utilizzarlo d'inverno e solo se lo spessore del ghiaccio consentisse di sopportare il peso dei camion. Eravamo un po' perplessi, ma decidemmo di dargli via libera. Era stato un inverno molto rigido, con le temperature per lungo tempo ben sotto i meno 20, quindi sembravano le condizioni ideali.

Le sterpaglie erano rinsecchite dal freddo ed erano chine sotto il peso della neve, bloccate nel ghiaccio. Il giorno stabilito, con tipica puntualità finlandese, vedemmo Heikki (un nome molto comune in Finlandia) attraversare il lago con il suo enorme trattore, portando nella pala anteriore del materiale che si rivelò essere un immenso e spesso telone, simile a quello che si posa sotto lo strato di catrame quando si costruiscono le strade. Era arrotolato e sembrava molto pesante.

Il telone fu steso accuratamente su tutta la superficie ghiacciata del lago in corrispondenza delle sterpaglie, in modo da coprire una vasta superficie ghiacciata lungo la sponda e alcuni metri verso l'interno del lago. Il nostro stupore cresceva di minuto in minuto. Una volta finito il lavoro, Heikki si sedette ad aspettare al freddo. Eravamo sempre più sconcertati.

Dopo un po' un camion ,_che trasportava un'enorme quantità di sabbia, apparve al nostro cancello e iniziò a fare retromarcia sul prato verso il lago . Per fortuna il terreno, dopo settimane di temperature estreme, era ormai diventato ghiaccio durissimo, altrimenti il giardino avrebbe risentito dell'effetto del peso e mostrato i segni delle gomme per tutta l'estate.

La sabbia venne scaricata a   pila sopra il telone che quindi divenne orribilmente scuro, in contrasto con il bianco della neve e del ghiaccio. Heikki iniziò a stenderla uniformemente con il trattore, posando circa venti centimetri di sabbia sopra l'intero telone. Venti centimetri, non uno in più, né uno in meno, disse. Heikki ha una grande abilità nel manovrare il trattore ed in effetti completò il lavoro in un tempo relativamente breve, nonostante la grande estensione della zona interessata. Alla fine la nostra bella e bianca riva del lago aveva l'aspetto di un cantiere; il marrone della sabbia faceva a pugni con il fondo candido della neve e del ghiaccio del lago. Heikki se ne andò con il suo trattore attraversando il Pajanne ghiacciato, dopo averci assicurato che in primavera tutto sarebbe stato perfetto. Non potevamo fare altro che   credergli. Partimmo per l'Inghilterra pensando con terrore alla sabbia scura sul nostro lago, e sperando che Heikki avesse ragione.

Quando ritornammo in primavera, la nostra sponda del lago era una meravigliosa spiaggia sabbiosa che scendeva verso l'acqua con un lieve pendio, e di sterpaglie neppure l'ombra. Quando, alla fine dell'inverno, il ghiaccio si era sciolto, il peso della sabbia aveva lentamente spinto il telone sott'acqua, schiacciando tutte le piante e lasciando al loro posto una baia linda e pulita. Sorprendentemente semplice!

I buoni risultati di questo espediente sono durati cinque anni, e solo ora abbiamo cominciato a rivedere un po' di sterpaglie lungo i margini di quello che era stato il telone. La potenza invisibile delle onde, nel corso degli anni   ha spinto e arrotolato i bordi del telone in tutte le direzioni, cosicché una parte del fondo sabbioso è   nuovamente divenuta vittima della cocciutaggine delle sterpaglie. Basteranno però un altro inverno rigido e altre tonnellate di sabbia, per avere nuovamente l'acqua limpida e la vista del Paijanne nitida come prima.

Nel mese di aprile di solito si cominciano a vedere delle crepe nel ghiaccio, come fossero linee di una ragnatela che si espande con ritmo continuo. A poco a poco lasciano filtrare l'acqua, trasformandosi lentamente in pozze. Il ghiaccio viene spinto verso le sponde e gradualmente si scioglie, con un suono simile a uno sfrigolio. Il ciclo ricomincia.

Autunno sul Lago

La politica

Sin dalla sua nascita come nazione indipendente, libera dalla dominazione della Svezia e della Russia, la Finlandia e'stata una democazia e per di piu' una democrazia socialista.

Ha un presidente, un primo ministro che presiede il governo, ed un parlamento. La semplice distribuzione dei partiti si può riassumere in sinistra, destra e centro, con dei governi di coalizione quasi sempre composti da partiti socialisti e di centro.

La spiegazione può sembrare semplicistica ma, in realtà, è proprio così, come per ogni altra cosa in Finlandia, dove tutto è semplice e senza complicazioni. Come per il lavoro, non si permette alla politica di interferire con la propria vita. Le foreste sono un meraviglioso schermo di sicurezza. Non si parla di politica e non si litiga per la politica. Le elezioni arrivano e passano, ed i finlandesi depongono diligentemente la scheda nelll'urna per poi accettare di buon grado chiunque venga eletto. Fine della storia.

Avendo ormai vissuto in Finlandia per molti anni, posso dire tranquillamente che il livello di corruzione e di macchinazione politica all'interno del governo è talmente insignificante , se lo si paragona a quello di altri stati europei, per non dire di alcuni Paesi in altri continenti, che molte nazioni del mondo farebbero salti di gioia , se soffrissero di una così lieve forma di malattia . In realtà la moralità finlandese è fondata solo su due colori, il bianco e il nero. Se si pagano i propri conti con puntualità, si mantiene la parola, si ubbidisce alle leggi, si è buoni cittadini; se si cerca di evitare di pagare i conti, si evadono le tasse, si agisce irresponsabilmente, allora si è cattivi cittadini. Non c'è una via di mezzo; non vengono accettate scuse che possano distorcere la verità , basate su una parvenza di giustificazione o ragione.

E' un concetto semplice e primordiale –sebbene alquanto salutare – secondo il quale quando si sbaglia, si viene puniti. La punizione una volta consisteva nel tagliare la testa del colpevole, nel bruciarlo vivo su un rogo, o nell'offrirlo in pasto agli orsi. In Finlandia, oggi Paese moderno, la punizione consiste nel licenziamento o nell'obbligo di dimissioni dalle cariche pubbliche, nell'esilio dal proprio villaggio o nell'esclusione dalla società.

Ormai ci siamo abituati a vedere politici aggrappati con le unghie e con i denti - veri o falsi che siano - ai loro posti di potere, in totale disprezzo del concetto di dignità, anche se riconosciuti colpevoli di un qualsiasi reato. Anzi, in alcuni casi queste persone diventano addirittura delle celebrità proprio grazie ai loro errori, anche se nel corso della loro carriera politica sono stati individui incolori e del tutto insignificanti. Sembra che non abbiano mai il coraggio e l'onestà per chiedere perdono e scomparire nell'oblio della storia.

In Finlandia questi soggetti, rari per altro, abbandonano la scena politica, ammettono i loro errori e le loro manchevolezze; sperano in tal modo di non perdere la faccia con i propri vicini e di poter almeno guardarli dritti negli occhi, incontrandoli al supermercato. Nella vita può succedere di sbagliare. Al contrario, da noi i nostri politici corrotti si sentono quasi orgogliosi dei loro errori e recitano il ruolo teatrale della parte offesa, invece di limitarsi a scomparire.

Così come la vita di città e la vita nelle comunità di un villaggio sono completamente diverse, anche nella politica si verifica questa differenza. I consiglieri comunali, che inevitabilmente conoscono di persona quasi tutti gli abitanti dei loro distretti, cercano di lavorare al meglio della loro capacità, ma spesso mancano della conoscenza tecnica necessaria per controllare e amministrare i bilanci di una società moderna. Il risultato quindi è che le decisioni non vengono prese e le cose vengono lasciate così come sono, generalmente a discapito dell'immagine e dei servizi del villaggio. Sono onesti padri di famiglia, designati a posti di responsabilità grazie alla popolarità di cui godono all'interno della comunità, ma spesso l'idea di migliorare le condizioni del villaggio non sembra sfiorarli minimamente. E nonostante le persone qualche volta brontolino, lo fanno sommessamente per non contrariare un amico o un vicino.

Ecco un esempio divertente a questo proposito. Una volta intraprendemmo con una delle nostre figlie e suo marito una piccola spedizione. Volevamo andare a vedere una cosa spesso notata in lontananza, attraverso boschi e campi, una cosa che aveva sempre colpito la nostra immaginazione. Era una vecchia torre per il salto degli sci con il trampolino che spuntava dalle cime degli alberi, stagliandosi verso il cielo, e da cui – ci avevano detto – la vista delle foreste era stupefacente.

In una calda giornata di sole percorremmo circa una trentina di chilometri, fino a scorgere l'alta struttura del trampolino alla nostra sinistra. Ci affidammo al nostro senso d'orientamento per arrivarci. Non c'era alcun cartello stradale che indicasse la direzione per raggiungere questo punto panoramico, benché venisse menzionato nella maggior parte delle guide turistiche della zona.

Alla fine vedemmo un minuscolo cartello di legno e ne seguimmo le indicazioni, finendo in una strada sassosa che portava in cima ad una collina, in uno spazio aperto di terra incolta: il trampolino da una parte e una serie di vecchi edifici abbandonati dall'altra. Non c'era nessun altro all'infuori di noi ed il luogo dava una sgradevole sensazione di pericolo. Sollevammo lo sguardo verso quell'altissima struttura di cemento, veramente perplessi.

In un angolo della base quadrata della torre c'era una porta aperta che dava in un cubicolo con un ascensore. Appesi alle pareti alcuni opuscoli turistici promuovevano la zona e pubblicizzavano sia la torre che la nota e vicina località sciistica di Himos. Davanti all'ascensore ed alla sua porta metallica ci guardammo l'un l'altro perplessi, dubitando fortemente che quel trabiccolo fosse davvero destinato all'uso pubblico. Però gli opuscoli sembravano recenti e veritieri; sicuramente ci saremmo sentiti più a nostro agio se avessimo visto qualche segno di vita attorno a noi.

Decidemmo di rischiare ed entrammo nell'ascensore. Schiacciare il tasto che lo azionava richiese una buona dose di coraggio e sospirammo di sollievo quando, dopo un lungo momento di esitazione, il vecchio trabiccolo si mise in moto, anche se accompagnato da un gran rumore di ferraglie. Uscimmo in cima e ci trovammo in uno spazio ristretto che in origine doveva essere il punto di ritrovo dei partecipanti alle gare. Anche lì, neanche un'anima in vista. Un paio di rampe di gradini più su e ci trovammo in un'ampia stanza circondata da una grande vetrata, da dove la vista della campagna sottostante era semplicemente sbalorditiva. Ma, ripeto, non c'era anima viva.

Con nostro stupore, mentre ci aggiravamo perplessi per la stanza, vedemmo spuntare una testa umana dietro una bassa scrivania. Sepolto sotto una quantità enorme di opuscoli e di *dépliant* turistici, seduto su uno sgabello, c'era un giovane. "Buongiorno", ci disse. La situazione era surreale. Dopo aver comprato un gelato, gli chiedemmo se era stato indaffarato quel giorno. Il giovane si rivelò uno studente che lavorava lì per l'estate e ci disse "si", certo che era stato molto impegnato; prima di noi aveva visto già cinque persone. Un vero e proprio *record*!

Ora, questa storiella riguarda una struttura che potrebbe essere sfruttata e lanciata turisticamente a livello internazionale. Il panorama che si vede dall'alto è davvero unico, la campagna circostante bellissima; tuttavia il comune ha deciso di abbandonare la torre alla sua sorte, lasciando che le assicelle di legno del trampolino si deteriorino e marciscano poco a poco. Il luogo non viene pubblicizzato per attrarre turisti ed assicurarsi così delle entrate, nè sembra esserci alcuna intenzione di sistemare l'incolto terreno sottostante. La situazione è davvero deplorevole. E nessuno ne parla, né se ne lamenta, né chiede al consiglio comunale di darsi da fare. Questo non è un esempio isolato, ma i finlandesi, come già detto, non hanno l'abitudine di protestare.

L'Unione Europea ha in un qualche modo contribuito ad accrescere l'interesse della popolazione per la politica, per il semplice fatto che ora la responsabilità delle decisioni più impopolari può essere, spesso a ragion veduta, attribuita a Bruxelles. Come per esempio quella di ripopolare le foreste di lupi, di introdurre nuovi regolamenti riguardo alla dimensione ed alla forma delle banane, e di vietare in futuro l'uso della *terva* per ricoprire i tetti dei vecchi edifici e delle chiese. Tali decisioni vengono disapprovate, discusse e criticate per alcuni minuti, ma poi vengono accettate pragmaticamente alla luce del fatto che è il governo finlandese ad averle approvate.

Mi ricordo del momento in cui finalmente la Finlandia entrò a far parte dell'Unione Europea e di quando, subito dopo, la sua valuta passò dal vecchio *markka* all'*euro*. La storica decisione fu applaudita da una popolazione che, dopo secoli di oscillazioni fra est e ovest e decenni d'inquietudine causata dal vicino russo, sentiva che finalmente il suo isolamento era finito. La Finlandia faceva ora parte del mondo occidentale e di un'economia in rapida crescita che prometteva di essere veramente globale.

Tutto accadde senza problemi ed anche il passaggio dal *markka* all'*euro* avvenne in modo indolore; le due valute continuarono ad esistere parallelamente per un po', poi l'*euro* sostituì definitivamente il *markka*. Chi andava a far la spesa, qualunque fosse la sua età, riceveva assistenza ed informazioni esaurienti; da un giorno all'altro tutti si abituarono a riconoscere le monete e le banconote appena introdotte. Devo ammettere che rimasi davvero stupito vedendo come le persone anziane, uscite dalle loro case nella foresta per fare la spesa nel villaggio, se la cavassero così bene con la nuova moneta. Non mostravano alcuna esitazione ed ostentavano una sicurezza di cui noi eravamo quasi invidiosi. Ma la questione per loro era semplicissima: si trattava soltanto di accettare l'annuncio del governo. Il governo è l'organismo dei rappresentanti designati dal popolo per salvaguardare e promuovere gli interessi della nazione. Non dar loro ascolto o fiducia è una cosa assolutamente inconcepibile. Sono Finlandesi.

Bruxelles, invece, è tutta un'altra storia.

La questione dei lupi ha dato fastidio a molti. I politici della UE, nella loro grande saggezza, avevano deciso che, così come la Finlandia dovesse avere la sua quota di immigrati e di esiliati politici, avrebbe anche dovuto dimostrare la sua sensibilità ai problemi dell'ambiente, reintroducendo branchi di lupi nelle foreste, così da riportare la natura al suo *habitat* originale. Questa volta i lupi non sono arrivati dalla Russia, bensì da Bruxelles. Sono ora una specie protetta, mentre i cani e gli altri animali, per non dire dei bambini, non sono specie "protette" dal pericolo dei lupi.... Ho sentito dire che, dopo una lunga serie di aggressioni contro animali domestici e parecchi avvistamenti di lupi che scorrazzavano felici per le strade dei villaggi, la popolazione di questi animali è improvvisamente diminuita in alcune zone della campagna. Sembra che nella foresta, alla luce del crepuscolo, sia facile scambiare un lupo per un alce,...... naturalmente ci si rende conto dell'errore solo quando è ormai troppo tardi per il lupo. Che peccato, davvero. Avevo detto che i finlandesi sono sempre pragmatici.

Un'altra decisione discutibile presa a Bruxelles è quella che riguarda la *terva*. La *terva* è un materiale simile al catrame, utilizzato per secoli per rivestire le tegole di legno dei tetti delle case e delle chiese. Dà ai tetti un bell'aspetto nero e lucido, è impermeabile ed ha un odore gradevole. Mi ricordo che da piccolo a volte prendevo delle pastiglie che avevano lo stesso odore , ed era opinione diffusa che aiutassero a far passare la tosse ed a liberare i polmoni. Mi ricordo anche che guardavo quelle macchine enormi che rifacevano il fondo stradale in un attimo, scaricando e poi livellando tonnellate di catrame; quel magma nero e fumante aveva lo stesso odore della *terva*.

Quando d'estate fa molto caldo – e può fare molto caldo anche in Finlandia – la *terva* si scioglie, scorre giù lungo i tetti spioventi e viene raccolta in contenitori posti in posizione strategica agli angoli degli edifici per essere poi riutilizzata. Non credo che nessuno sia mai morto a causa dei fumi della *terva*, sebbene non abbia dati statistici al riguardo .

Improvvisamente Bruxelles ha deciso che la *terva* non si può più utilizzare, un diktat che ha causato molte discussioni fra i finlandesi. I burocrati hanno stabilito che il catrame contenuto nella *terva* può costituire un potenziale pericolo d'incendio, nonostante il fatto che per secoli sia stata il tradizionale rivestimento dei tetti e il materiale sigillante di molte chiese, spesso costruite in legno.

Come se Bruxelles non avesse faccende più serie da discutere e di cui occuparsi! Ma anche questa volta le nuove regole saranno rispettate dai finlandesi con stoica ubbidienza. L'ubbidire è una conseguenza del loro innato rispetto per l'autorità ed in particolare per l'autorità finlandese che, dopotutto, aveva dibattuto la questione della *terva* al Parlamento Europeo, per poi accettare il verdetto democraticamente.

Da quando veniamo in Finlandia abbiamo assistito a due elezioni presidenziali e a due elezioni politiche.

Tarja Halonen prese il posto di Matti Arti–Sari, che è ora uno dei più rispettati statisti nella scena mondiale, ed è ancora la Presidente nel momento in cui scrivo questo libro. Le elezioni si svolsero in un clima di calma e tranquillità, così tipico della Finlandia. Nel villaggio vennero affisse alcune bacheche in legno, con i manifesti raffiguranti i volti dei candidati. Ci furono trasmissioni televisive nelle quali i conduttori facevano del loro meglio per accendere il dibattito politico. Niente di più.

Neppure le elezioni politiche fecero molto clamore. I calendari indicavano il giorno delle elezioni come "giorno della bandiera", in cui chi ha un'asta per issare la bandiera nazionale nel proprio giardino, fa sventolare il drappo bianco e blu. Così come arrivarono, le elezioni se ne andarono, senza provocare nessuno scompiglio; i pochi manifesti elettorali scomparvero senza neppur lasciare pezzi di carta per terra. Venne eletto il nuovo governo, poi non così diverso da quello precedente e, tutto sommato piuttosto soddisfacente. Era anche questo comunque un governo di coalizione.

E' del tutto evidente che, in questo Paese i politici e la stampa hanno una considerazione molto più alta dell'opinione pubblica di quanto non accada in altre nazioni, dove gli individui solitamente sono trattati con disprezzo ed arroganza e dove le loro istanze vengono sempre ignorate. In Finlandia, con una popolazione così scarsa, alla singola persona è ancora possibile puntare un dito accusatore e trovare ascolto. I politici non vivono nelle loro torri d'avorio, scollegati dalla realtà del Paese, intoccabili e al di sopra della legge. Qui hanno dei *cottage* estivi sul lago e nei piccoli villaggi, dove si può vederli, parlare con loro e guardarli dritti negli occhi.

In quel giorno d'estate, quando andammo alla fattoria di Veikko per festeggiare i suoi sessant'anni insieme ai suoi amici, pranzammo in una stalla che era stata decorata e tirata a lucido per l'occasione da alcune ragazze del villaggio. Ad uno dei tavoli improvvisati, un ministro si stava godendo un pranzo alla buona con sua moglie. Era un vecchio compagno di scuola di Veikko. Era lì, seduto sulle panchine nella stanza di cemento che in passato aveva ospitato gli animali della fattoria, uno fra i tanti ospiti in mezzo alla foresta, e nessuno cerco' di farsi notare da lui.

Stranamente, nonostante i tormentati rapporti passati fra la Russia e la Finlandia, esistono ancora alcuni simpatizzanti della sinistra ed hanno una rappresentanza nel governo. Sono di idee comuniste, ma con un tocco tutto finlandese: il loro orientamento politico non è così radicale da renderli molto diversi dagli altri partiti politici. Dopotutto, il paese è economicamente sano, tecnologicamente avanzato, riconosciuto e rispettato sulla scena mondiale e… pieno di buon senso. In questo ambiente finanziario globale, dove affari di tutti i tipi sono mischiati gli uni con gli altri, legati da invisibili ma tangibili cordoni ombelicali, i problemi finanziari nascono come inevitabile riflesso delle difficoltà degli altri mercati. L'opposizione, se esercitata in modo costruttivo, può solo essere un fattore utile e positivo per tenere sotto pressione il partito al governo e la sinistra finlandese è proprio l'espressione del pragmatismo che domina questo Paese. L'interesse della nazione viene davvero messo al primo posto, ed incontrarsi a metà strada è di solito la soluzione vantaggiosa per tutti, come avviene in una vera democrazia.

Gli uomini tuttofare

=====================

Un giorno dovemmo chiamare un elettricista per fare un intervento sul pannello centrale dell'energia elettrica   della casa. Io riesco a cavarmela solo quando si tratta   di sostituire una lampadina o di installare le luci natalizie. (Non so perché, ma passate le feste, le luci dell'albero di Natale, che vengono sempre messe da parte perfettamente funzionanti, arrotolate su un tronco in modo che i fili non si ingarbuglino ed i piccoli filamenti non si rompano, quando si tenta di rimetterle in azione il Natale seguente, ce n'è sempre qualcuna che non funziona.) Ormai l'intervento di un elettricista è assolutamente obbligatorio dato che i regolamenti UE stabiliscono che qualsiasi lavoro, riguardante l' elettricità, debba essere eseguito da un elettricista di professione, il quale dopo aver eseguito il lavoro deve emettere il certificato di conformità .

L'elettricista che ci era stato presentato tempo addietro rispondeva al nome di Tapio (ecco ritornare il nome della piccola creatura della foresta), ma era noto a tutti con il nomignolo affettuoso di Tapsa. Abita non lontano da noi. E' un tipo molto simpatico, con una barba grigia non dissimile dalla mia, che parla l'inglese in modo quasi perfetto, imparato solo guardando e ascoltando i programmi televisivi della BBC.

Tapsa venne da noi in una serata gelida, e diede un'occhiata al pannello dei fusibili situato all'esterno della casa. Poi entrò (probabilmente per scaldarsi) e provò il funzionamento dei fusibili nel pannello interno. Si limitò a sostituire uno dei grandi fusibili accanto al garage, che sembrava non avere più il giusto livello di potenza o di resistenza, e il problema fu facilmente risolto.

"Quanto ti devo, Tapsa"? "Cinque euro", fu la risposta. Sì, proprio così. Cinque euro.

Tapsa da allora è ritornato a casa nostra varie volte, per i motivi più svariati: l'installazione di un nuovo riscaldamento elettrico centralizzato, di nuove prese di corrente, di un nuovo impianto elettrico, di un sensore per le luci del giardino, e così via. Qualche volta ci ha fatto pagare i cinque euro di cui ho appena detto, altre volte somme più consistenti e più realistiche. Una volta gli lasciammo le chiavi di casa per finire il lavoro mentre eravamo in Inghilterra, ed al nostro ritorno tutto funzionava alla perfezione e la casa risplendeva come uno specchio.

Il cosiddetto diritto di chiamata   cui siamo così abituati in Inghilterra, sembra non avere ancora raggiunto le sponde finlandesi. Tapsa vive nel villaggio, è contento dei suoi clienti e li vuole mantenere. Li incontra regolarmente al supermercato, dal ferramenta, dal fiorista o al bar. Sa che, se oggi si facesse pagare cinquanta o cento euro per eseguire un lavoretto, significherebbe non lavorare più domani, e verrebbe pure guardato male dai suoi clienti. Sa anche che i cinque euro di oggi non gli coprono il costo della benzina necessaria per andare dal cliente, o per prendere una bevanda calda al bar dopo aver lavorato a temperature glaciali, ma è pienamente cosciente che quei cinque euro potrebbero assicurargli un lavoro più redditizio domani.

Avevo detto che i finlandesi sono pragmatici.

La prima volta che Tapsa venne da noi (non ricordo più per quale motivo), si rifiutava di parlare inglese. Era piuttosto riservato e sembrava contare sulla traduzione di Harri, l'idraulico, per capire esattamente le nostre necessità. Questa situazione andò avanti fino a che Celia lo guardò e gli chiese in modo diretto se il lavoro che gli chiedevamo di fare fosse difficile. "E' come mangiare una fetta di torta", rispose Tapsa, in perfetto inglese con un luccichio negli occhi.

Da allora ha abbandonato la sua timidezza e ci ha aiutato a risolvere molte situazioni che richiedevano la competenza di uno specialista del settore. Ora con noi conversa in uno stupefacente inglese che ha imparato da autodidatta. Qualche volta ci fa ancora pagare quei famosi cinque euro e poi si ferma in cucina a bere una birra con me.

Mi ricordo che una volta gli parlai della mia idea di mettere una presa di corrente all'aperto per aggiungere altre luci in giardino, così da renderlo più romantico nelle serate invernali, e di installare delle lampade "a fungo", alte solo pochi centimetri, come va di moda adesso. Tapsa sorrise alla nostra ingenuità. Le lampade che avevamo in mente sarebbero state sommerse dalla neve in inverno e la presa di corrente che volevamo inserire sulla parete esterna, a poca distanza dal suolo, non sarebbe stata a norma di legge, e inoltre con l'arrivo della neve, avrebbe costituito un pericolo. Arrossimmo e decidemmo di mettere delle lampade alte un metro e prese di corrente quasi a livello degli occhi. La Finlandia è davvero un paese diverso.

Harri, l'idraulico del villaggio, è un altro esempio a tal proposito. Alto, biondo e forte, ha in comune con Seppo, il meccanico, un passato di pilota di rally.

Gli impianti idraulici in Finlandia sono particolari. Le tubature sono nascoste e sembrano non gelare mai, anche alla temperatura di quaranta sotto zero. Chiesi ad Harri di installare un rubinetto all'esterno, sul retro della casa, in modo da poter annaffiare le piante e lavare l'auto comodamente, senza dover trascinare un tubo di gomma lungo quasi ottanta metri. Finisce sempre per annodarsi ad un'estremità, facendomi diventare matto, mentre con il boccaglio in mano guardo impotente le poche gocce d'acqua che fuoriescono dal tubo di plastica.

Harri arrivò, puntuale come tutti i finlandesi, e lavorò per circa tre quarti d'ora. Fece un foro nella stanza della doccia, collegando il vecchio tubo dell'acqua ad un rubinetto che installò sulla parete esterna della casa. Una volta finito il lavoro, ci diede dei consigli su come chiudere il rubinetto nel modo corretto per evitare che, una volta finito di usare l'acqua, ne rimanesse un po' nel tubo.

Il rubinetto esterno è un normale rubinetto di acciaio, che riceve acqua dall'impianto generale che serve anche i rubinetti nella stanza della doccia. Da quando è stato installato ci sono state temperature di quasi meno quaranta gradi per lunghi periodi, ma il rubinetto non si è mai gelato. E' probabilmente dovuto al fatto che le tubature sono stese a grande profondità nel terreno e che la struttura in legno della casa agisce da isolante. Qualunque ne sia la ragione o la spiegazione scientifica, i rubinetti e le tubature hanno sempre resistito agli inverni che abbiamo trascorso in Finlandia. I paragoni con la povera vecchia Inghilterra, dove tutto si ghiaccia non appena la temperatura scende sotto lo zero, sono inevitabili ed imbarazzanti.

L'acqua è un altro elemento con cui preferisco non scherzare. A Milano, quando Celia e io eravamo sposati da poco e vivevamo in un piccolo ma grazioso appartamento, una sera decisi di riparare uno scaldabagno a gas posto sulla parete del bagno. L'esperimento terminò con me in bilico sulla vasca, con le gambe divaricate e i piedi appoggiati sui bordi, un ombrello in mano, nel vano tentativo di fermare l'acqua fredda che si riversava fuori dal maledetto apparecchio. Dovemmo chiamare un idraulico.

Ecco perché ci servì Harri anche per un lavoretto di poco conto. Restò da noi circa venti minuti, alla fine dei quali gli feci l'abituale domanda: "Harri, quanto ti devo?" "Cinque euro", fu la risposta. Non ho idea, se Tapsa e Harri si fossero messi d'accordo per addebitarci solo cinque euro , ma io cominciai a dare per scontato che in Finlandia questa fosse la tariffa di elettricisti ed idraulici per lavori di piccola entità.

Harri viene da noi ogni autunno – quando di solito siamo in Inghilterra. Conoscendo ormai i segreti della casa, va nella sauna del giardino, e stacca la pompa, da lui installata anni fa per rifornirci dell' acqua fresca dal lago e riempire il secchiello per lasauna. Poi la tiene nel suo garage, al caldo, e la rimette al suo posto in primavera, pronta per l'uso quando il lago non è più ghiacciato. E' una persona efficiente, affidabile e onesta. Che cosa si può pretendere di più?

All'inizio non fu facile. Non conoscevamo la gente del luogo, e la barriera della lingua ci impediva di spiegare con chiarezza quali fossero i lavori di cui avevamo bisogno. Dovevamo fidarci di questa o quella persona, suggeritaci dai nostri primi conoscenti, per i lavori di falegnameria, per le riparazioni del tetto, e per altri lavori di manutenzione. Inoltre, eravamo ancora considerati degli stranieri, nei confronti dei quali c'erano ancora dell'imbarazzo e della diffidenza, e le nostre esigenze sembravano venire sempre dopo quelle degli altri clienti. La nostra impressione era che tutti fossero talmente occupati da non trovare neppure il tempo per dirci quando potessero eseguire il lavoro (piccolo o grande che fosse). La risposta alla nostra domanda "Quando?" era invariabilmente "Non lo so… ho molto da fare… forse il mese prossimo… *ehka*… può darsi." *"Ekha"* è una delle espressioni preferite dai finlandesi; concede loro il tempo di pensare senza doversi impegnare con date precise. Tutti amano il concetto del "può darsi".

Molti anni fa incontrammo una coppia da poco stabilitasi in una casa nel centro del villaggio. Qualcuno ci aveva detto che erano in trattative per comprarla, dato che la casa era confortevole, comoda per fare la spesa nel villaggio, sufficientemente spaziosa per ospitare tutta la famiglia ed anche per invitare gli amici dei loro ragazzi. Avevano fatto un'offerta al proprietario, ma alla nostra inevitabile domanda, "Quando la comprerete?" la risposta fu altrettanto inevitabile: "Può darsi che la compreremo il mese prossimo... *ekha*". Ed effettivamente il mese dopo la comprarono.

Una volta che gli abitanti del villaggio si abituarono alla nostra presenza, cominciando a pensare che dopotutto non solo non mordevamo nessuno, ma pagavamo addirittura i nostri conti , la situazione migliorò enormemente. Ora posso sicuramente dire che siamo circondati da tuttofare eccellenti, disposti ad aiutarci in ogni situazione e con una competenza di cui ci possiamo ciecamente fidare.

I finlandesi sono gente riservata e cauta ad aprirsi con gli estranei, ma quando finalmente lo fanno, è in modo totalmente sincero e con grande generosità – a patto però di non deluderli mai.

I taxi

===========

Per molti abitanti delle foreste finlandesi il taxi è l'unico mezzo di trasporto che permette di andare a fare acquisti al villaggio. Naturalmente la rete dei trasporti è eccellente, con autobus che raggiungono anche le comunità più remote, percorrendo strade strette e pericolose più adatte al passaggio degli alci che degli esseri umani. Ovviamente però non si può   pretendere che gli autobus si fermino davanti ad ogni singola casa.

Quindi il taxi è la soluzione ed i tassisti per molti diventano facce amiche. In qualche caso, soprattutto per gli anziani che vivono da soli ed isolati nelle foreste, i tassisti   sono l'unico contatto con il mondo esterno, compagni fidati su cui si può sempre contare. Nel villaggio vediamo spesso dei taxi parcheggiati fuori dai supermercati o dalla farmacia, in attesa che i loro anziani e abituali clienti finiscano di fare la spesa. I tassisti caricano nel bagagliaio le borse della spesa e qualche volta sedie a rotelle: i clienti vengono riportati alle loro case nella foresta, soddisfatti ed appagati anche per aver fatto un po' di vita sociale.

Alcuni anni fa qualcuno ci disse che un tassista del villaggio, che accompagnava regolarmente un'anziana signora al supermercato, dal medico o in farmacia, aveva notato che la sua cliente aveva cominciato a comprare un numero sempre maggiore di bottiglie d' acqua minerale e aveva l'aria sempre stanca. La signora viveva da sola e raramente qualcuno andava a trovarla, quindi non c'era nessuna ragione che giustificasse il consumo di tali quantità d'acqua.

Il tassista, di sua iniziativa, contattò un lontano parente della signora che viveva nel nord del Paese e aveva con lei contatti molto sporadici. Gli manifestò la sua preoccupazione per la sete inspiegabile della zia: in quel periodo il clima non era caldo, né afoso. Il lontano parente decise di andarla a trovare e di farla visitare da un medico. Si scoprì che soffriva di diabete, mai diagnosticato. Questa signora è ancora viva ed in buona salute; si cura e va ancora in taxi al villaggio contenta e felice. Forse il tassista le ha salvato la vita.

Un inverno Celia ed io ci ammalammo di un virus influenzale molto sgradevole che ci costrinse a letto per alcuni giorni, riducendoci in condizioni pietose. Non potevamo uscire, eravamo completamente privi di energie e pensavamo addirittura che fosse arrivato il nostro momento. A un certo punto, e fra l'altro proprio di sabato, decisi di chiamare un medico nostro amico per chiedergli come trovare nel villaggio un suo collega che potesse venire a visitarci. Il nostro amico si informò sui nostri sintomi e, in veste professionale, telefonò al farmacista del villaggio per ordinare degli antibiotici, chiedendogli poi di farceli recapitare a casa da un taxi. . Un'ora più tardi un tassista era già alla nostra porta con i farmaci che ci erano stati prescritti. Gli pagai la somma che mi chiese; Celia e io facemmo la nostra cura e guarimmo. Sono davvero riconoscente al nostro amico medico e al tassista, che ci hanno praticamente salvato la vita. Quando, alcuni giorni dopo, andai in farmacia per saldare il mio debito, mi fu detto che al pagamento aveva già provveduto il tassista. Aveva aggiunto il prezzo degli antibiotici al costo della sua corsa. Che organizzazione perfetta.

Ci si affeziona ai tassisti, ci si abitua alla loro presenza; si dà loro fiducia e ci si rimane male quando si scopre che sono in ferie – quasi mettendo in questione il loro sacrosanto diritto a prendersi una vacanza.

Un paio di volte , quando Celia restò da sola in Finlandia, all'inizio della nostra avventura finlandese, dovette servirsi dei taxi per spostarsi. E' perfettamente in grado di guidare e non ha mai avuto dei punti sulla patente britannica, che possiede da molti anni. In passato guidava davvero bene e aveva perfino un'auto sportiva, che a volte spingeva al massimo della velocità con grande sicurezza. Molti anni fa tutto ad un tratto perse questa sua sicurezza e decise che guidare non faceva più per lei. Le strade inglesi, congestionate dal traffico, la rendevano ansiosa, e così rinunciò alla sua amatissima auto. Da allora non si è più messa al volante, tranne un paio di volte in Finlandia (dove le strade sono comunque vuote), sul sentiero che porta al nostro *cottage* nella foresta, dove il solo scontro possibile è quello con un piccolo alce che si è perso e cerca la sua mamma, o con un falchetto che si avventa in picchiata su un topo o su un coniglio.

Quindi Celia doveva affidarsi ai taxi.

Un giorno conobbe Markku, appartenente ad una piccola associazione di tassisti la cui sede è in un ufficio del villaggio, da cui lui e i suoi colleghi rispondono alla chiamate. Markku fino a quel momento per Celia era un estraneo, solo un tassista fra i tanti. Si guadagna da vivere guidando il suo taxi; è sempre molto richiesto, essendo un personaggio molto popolare nella comunità. Quando non è alla guida del taxi, si rilassa facendo lunghi giri in moto per la campagna con sua moglie. D'inverno diviene un esperto ed entusiasta pilota di gatto delle nevi, e compie l'utile lavoro di tracciare la mappa dei sentieri percorribili da questi veicoli.

Portò Celia al supermercato del villaggio e, una volta tornati a casa, la aiutò a scaricare la spesa. A quell'epoca la lingua finlandese per noi era ancora un grosso problema, e Celia fece del suo meglio per ringraziare Markku in finlandese, riuscendo solo a dire "Buongiorno" varie volte, unico modo che riuscì a trovare per ringraziarlo! Questo episodio non l'abbiamo mai dimenticato.

Abbiamo fatto amicizia con Markku e con sua moglie, tenendo però sempre separati i rapporti personali da quelli di lavoro. Ogni volta che arriviamo all'aeroporto di Vantaa il volto amichevole di Markku è lì ad accoglierci ed è lui il primo a darci il benvenuto in Finlandia. E' un uomo alto e gentile, con un po' di pancia, probabilmente dovuta a qualche birra di troppo nel passato. E' orgoglioso pazzo della nipotina Susanna, orgoglioso della sua casa e della sua famiglia, e dedito a due grandi passioni: attraversare le foreste con il gatto delle nevi e andare in moto.

A parte le poche volte in cui lo incontriamo in occasioni sociali, vediamo Markku solo quando arriviamo all'aeroporto di Helsinki, o quando partiamo da casa per tornare in Inghilterra. Anche se la nostra conoscenza della lingua finlandese è lievemente migliorata, le conversazioni di solito esauriscono tutti gli argomenti - e tutte le parole che conosciamo - già dopo solo una decina di chilometri da casa e le restanti due ore di viaggio per raggiungere Vantaa trascorrono nel silenzio più totale, interrotto solo dalla voce di Celia quando ci offre delle caramelle. Sono certo che siamo i clienti più noiosi che Markku abbia mai avuto nella sua carriera di tassista.

All'arrivo in Finlandia siamo sempre stanchi per il viaggio e per la levataccia del mattino, che ci consente di arrivare all'aeroporto di Heathrow per tempo. Il risultato è che, appena dopo aver lasciato Vantaa, ci addormentiamo per risvegliarci immancabilmente a mezz'ora di distanza da casa. La mia teoria è che se Markku riceve una telefonata mentre siamo in macchina, è sicuramente un amico da lui stesso pregato di ricordargli che ci sono ancora esseri viventi sul nostro pianeta. Ma, quando arriviamo, è sempre lì ad accoglierci, sorridente e premuroso. Quando lo vediamo sappiamo di essere arrivati in Finlandia.

E suo è sempre l'ultimo volto del villaggio che vediamo quando passiamo attraverso le porte automatiche a Vantaa, spingendo il nostro *trolley* verso il banco del *check in,* prima di imbarcarci sull'aereo.

La prossima volta Markku sarà di nuovo lì a darci il benvenuto. E ci saranno tante altre volte. La Finlandia è entrata nel nostro cuore e ci resterà per sempre.

Mattino presto

www.ingramcontent.com/pod-product-compliance
Lightning Source LLC
Chambersburg PA
CBHW040836160426
42812CB00058BB/2630